비전을 찾는 그대에게

비전을 찾는 그대에게

ⓒ 이종수, 2025

초판 1쇄 발행 2025년 11월 5일

지은이   이종수
펴낸이   이기봉
편집   좋은땅 편집팀
펴낸곳   도서출판 좋은땅
주소   서울특별시 마포구 양화로12길 26 지월드빌딩 (서교동 395-7)
전화   02)374-8616~7
팩스   02)374-8614
이메일   gworldbook@naver.com
홈페이지 www.g-world.co.kr

ISBN   979-11-388-4890-9 (03230)

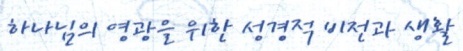

하나님의 영광을 위한 성경적 비전과 생활

비전을 찾는
그대에게

하나님의 **꿈** 인간의 **비전**

이종수 지음

좋은땅

많은 사람이 꿈을 이야기합니다. 하지만 그 꿈은 대부분 자신의 소망이나 야망에 불과합니다.

그리스도인들도 크게 다르지 않습니다. 하나님과 상관없이 꿈을 말하거나, 자신의 야망을 이루기 위해 하나님을 이용하기도 합니다.

예수님을 제대로 만나기 전, 제자들도 그랬습니다. 그들은 하나님의 꿈이 아닌, 자기 욕망에 사로잡혀 있었습니다. 그래서 베드로는 예수님의 십자가 길을 만류했고, 야고보와 요한은 예수님 다음가는 위치를 탐했습니다.

그러나 예수님을 제대로 만나면서 야망의 자리에 꿈이 생겼습니다. 하나님의 꿈으로 자신을 채웠습니다. 그 꿈을 향해 매진했습니다. 마침내 위대한 제자의 삶을 살았습니다. 그래서 베드로는 사람을 낚는 위대한 어부가 되었습니다. 십자가를 만류하다가 십자가를 자랑하는 멋진 인생이 되었습니다. 야고보와 요한은 예수님을 충성스럽게 따르는 위대한 복음의 증인이 되었습니다. 두 사람은 열두 제자 중에 가장 먼저 죽고, 가장 나중에 죽으며, 제자도의 시작과 끝을 장식하는 모범이 되었습니다.

우리에게도 이처럼 하나님의 꿈을 설명해 주는 안내서가 필요합니다. 자신의 야망을 실현할 수 있는 처세술이 아니라, 하나님의 꿈을 위한 안내서 말입니다.

  바로 이 시점에 이종수 목사님이 귀한 책을 출간하셨습니다. 하나님
이 우리를 위해 어떤 꿈을 품고 계시는지, 그리고 우리는 그 꿈에 따라
어떤 비전을 품고 살아야 하는지를 잘 설명해 줍니다.

  설명이 성경적입니다. 그래서 우리의 신앙을 자라게 합니다.
  설명이 체계적입니다. 그래서 논리적으로 이해하고 정리할 수 있습
니다.
  설명이 실제적입니다. 그래서 자신의 삶에 잘 적용할 수 있습니다.
  성경적, 체계적, 실제적 설명을 통해 읽는 이가 하나님의 꿈쟁이로
살도록 도와줍니다.

                              권해생 교수(고려신학대학원 신약학)

추천사

이종수 목사가 『비전을 찾는 그대에게』를 출간했다.

이 책의 핵심은, 하나님의 백성이 세상을 살아가며 단지 개인적인 욕망을 이루는 것이 목적이 되면 안 된다는 것이다. 그것이 설령 종교적인 목적이라 할지라도 마찬가지다.

하나님께서는 자신의 뜻을 이루기 위해 자녀들을 선한 도구로 사용하신다. 그러나 우리가 하나님의 뜻보다 자기의 생각을 앞세운다면, 그 뜻을 온전히 이해할 수 없을 것이다.

저자는 이 점을 강조하면서, 하나님의 뜻은 말씀을 기초로 한 복음 선포를 통해 드러난다는 것을 보여 준다. 성경에 계시된 말씀을 기초로 하여 논리를 전개하고 있으며, 하나님의 거룩한 뜻과 인간의 역할을 균형 있게 제시한다.

특히 성자 하나님이신 예수 그리스도와 그분을 통한 구원 및 복음 선포사역의 중요성을 잘 드러낸다.

또 성령 하나님의 사역과 교회론적 순종의 소중함도 중요한 주제로 다루고 있다.

전반적으로 삼위 하나님께서 타락한 세상 가운데서 영원한 회복을 위한 뜻을 가지고 자신의 궁극적인 계획을 실현해 가심을 조직신학적 관점으로 드러낸다.

이 책은 각 장(章)마다 간결한 요약과 함께, 독자 스스로 생각하고 답하도록 돕는 질문들이 실려 있어 내용을 깊이 이해하고 삶에 적용할 수 있도록 구성되어 있다.

교회공동체가 이 책을 소그룹 모임이나 성경 공부 교재로 활용하여 한 장을 읽고 난 뒤 주제에 따른 대화와 더불어 성경을 바탕에 둔 건전한 토론을 한다면 서로 배우며 동질의 신앙을 소유할 수 있을 것이다.

이 책이 복음 전파를 위한 선한 도구로 사용되기 바란다.

이광호 목사(실로암교회)

추천사

저자 이종수 목사는 성경에 대한 깊은 이해를 바탕으로, 성경 신학적 관점에서 본 주제를 다루고 있다. '하나님은 꿈, 인간은 비전'이라는 개념을 통해, 인간의 삶의 목적을 제시하고, 이를 성경적으로 어떻게 추구해야 하는지를 잘 보여 준다.

이 책은 복음적이고, 조직신학적이며, 교육적인 면에서 균형이 잘 잡혀 있다. 구약과 신약을 아우르는 개혁주의적 신학에 기초해 성경적 사고로 설득하는 탁월함이 돋보인다.

성경 신학적인 인간론, 기독론, 교회론, 종말론에 이르기까지 내용의 깊이를 갖추면서도 이해하기 쉬운 언어로 풀어내 사람의 목적과 삶에서 추구해야 할 비전에 관한 성경적인 관점을 가지게 하는 좋은 책이다.

또 임상적으로 목회 현장에서 이 주제를 가지고 오랫동안 가르쳐 봄으로써 내용이 검증된 것으로 볼 수 있다.

적절한 예화를 통해서 주제를 쉽게 이해하게 하며 성경을 쉽게 풀어서 성경의 맥을 이해시키는 탁월함도 발견된다.

목회자적인 파토스를 가지고 '하나님의 꿈을 섬기기 위한 비전을 가지고 살아갈 것'을 간절히 촉구하는 저자에게 독자들은 설득당하리라 확신한다.

이 책은 모든 성도 그리고 많은 하나님의 백성이 읽고 그 큰 뜻과 하나님의 꿈을 바르게 이해하는 데 도움이 될 줄을 확신하며 추천하는 바이다.

이학재 박사
(현 미국 Covenant University 부총장,
Covenant Bible Institute 소장/월간맛싸 대표,『맛싸 성경』저자
/2000~2019년 백석대, 개신대, 대한신학대 전임교수)

추천사

이 책은 출발부터가 '삼위 하나님'이십니다.

저자는 '인간의 비전'이란, 사람들이 흔히 말하는 자기실현이나 성공이 아니라, '하나님의 꿈'에서 비롯된 것임을 분명히 알려 주고 있습니다.

하나님의 꿈이야말로 인간의 비전이 될 수밖에 없다.'는 저자의 논지는 성경에 근거한 체계적인 설명과 함께 설득력 있게 전개됩니다. 신학적인 틀도 바르게 갖추고 있어, 독자들이 올바른 시각으로 하나님의 꿈을 이해할 수 있도록 안내합니다. 특히 하나님의 계획과 목적이 이 땅의 사람을 통하여 다양한 영역에서 이루어져야 한다는 중요한 메시지를 포함하고 있습니다.

이 책을 읽으며 하나님으로 귀결되는 영광의 자리를 배우게 되었으며 삼위 하나님의 꿈의 실현을 지속해서 주목하고픈 소망까지 생겼습니다.

이 책은 단순한 신앙 에세이나 일상적인 책이 아닙니다. 하나님께서 우리를 향해 어떤 뜻을 품고 계신지를 깊이 묵상하게 하며, 독자를 향한 하나님의 마음을 담아낸 아름답고 귀한 책입니다.

하대중 목사(울산섬김의교회/더워드 대표)

추천사

본서는 성경을 요약한 조직신학 서적입니다.

하지만 일반적인 조직신학 서적과는 다릅니다. 조직신학 서적들은 대체로 삼위일체 구조를 따라, 구원을 중점적으로 설명합니다. 그러나 본서는 동일한 삼위일체 구조를 따르되, '비전'에 초점을 맞추고 있다는 점에서 매우 독특합니다.

저자는 먼저 성부, 성자, 성령 하나님의 꿈이 각각 무엇인지를 설명한 뒤, 그에 따라 우리가 품어야 할 비전이 무엇인지 구체적으로 설명합니다. 저자가 이 책을 통해 말하고자 하는 요지는 분명합니다. '하나님의 꿈이 곧 우리의 비전이 되어야 한다. 하나님의 꿈을 알지 못하면, 우리의 참된 비전도 알 수 없다.'는 것입니다.

이 책은 초신자를 위한 조직신학 입문서로 활용할 수 있습니다. 더불어 인생의 목표를 찾는 자들에게 좋은 길잡이가 될 것입니다.

많은 사람이 이 책을 읽고, '인생의 속도보다 인생의 방향'을 중시하게 되기를 바랍니다.

김태희 목사(비전교회/『성도를 위한 365 통독주석』 저자)

비전을 찾았습니까?

우리는 모두 미래를 향해 나아가므로 반드시 비전이 필요합니다. 비전은 마치 어두운 바다 위의 북극성처럼, 삶의 풍랑 속에서도 방향을 잃지 않게 하며, 오늘을 의미 있게 살아가는 힘을 줍니다.

하지만 잘못된 비전을 좇는다면 아무리 열심히 살아도 참된 목적에 도달할 수 없으며 오히려 더 멀어질 것입니다. 따라서 우리 인생에서 가장 중요한 일은 **'바른 비전'을 찾는 것**입니다. 한편, 우리 시대에 영웅이 없는 이유는 사람들이 개인의 영광만을 좇기 때문입니다. 위대한 삶을 살려면 개인을 초월한 거대 담론을 좇아야 합니다.

어떻게 바르고 위대한 비전을 찾을 수 있을까요?

하나님의 꿈: 우리 비전의 북극성

놀랍게도 하나님은 개인과 역사, 그리고 이 세상을 향해 위대한 꿈을 품고 계십니다. 우리는 바로 그 꿈을 위해 빚어진 존재입니다. 하나님의 꿈은 우리의 존재 이유이자 삶의 궁극적인 목적이며, 우리가 걸어가야 할 분명한 방향입니다.

밤하늘의 별이 자신을 올려다보는 이에게 빛을 쏟아 내듯, 하나님의 꿈을 가슴에 품은 사람에게는 참되고 위대한 비전의 빛이 환하게 비춥

비전을 찾는 그대에게

니다. 그러니 무엇보다 **'먼저 하나님의 꿈이 무엇인지 알아야'** 합니다.

성경: 나의 비전을 찾는 지도

성경은 하나님의 꿈이 기록된 이야기입니다. 창세기부터 요한계시록까지, 하나님은 창조에서 새창조로 이어지는 구속사의 대서사 화폭에 자신의 꿈을 선명하게 그려 주셨습니다.

그 말씀 속에서 우리는 하나님의 꿈을 섬기기 위한 '나의 비전'을 발견할 수 있습니다. 그리고 그 비전의 별빛을 따라, 부르신 일상에서 재능과 은사로 섬길 때, 우리의 삶은 밤하늘의 별처럼 빛날 것입니다.

하나님의 꿈, 나의 비전

2024년에 출간한 『요셉의 꿈 하나님의 꿈』이 요셉 시대를 관통하는 하나님의 꿈을 섬세하게 보여 주었다면, 이 책은 한 걸음 더 나아가 **성경 전체를 아우르는 하나님의 원대하고 장엄한 꿈을 소개**합니다. 이를 위해 성경이 말하는 '하나님의 꿈'과, 이 꿈이 역사 속에서 어떻게 이루어져 왔는지를 담았습니다.

그리하여 **'하나님의 꿈을 이루어 드릴 나의 비전'**, 곧 하나님의 영광을 위한 삶을 제시하고 **하나님의 꿈쟁이**로 살아갈 것을 도전합니다.

이 책의 특성 및 핵심

1. **이 책의 목적은 독자가 '성경적인 비전'을 갖고 그 비전을 따라 살아가도록 돕는 것**입니다. 우리는 누구나 삶의 방향을 제시해 줄 비전이 필요하며, 성경이야말로 우리에게 가장 바르고 위대한 비전을 보여줍니다.

2. **'하나님의 꿈'과 '나의 비전'을 연결**합니다. **'우리의 비전은 하나님의 꿈을 섬기는 삶'**입니다. '하나님의 꿈은 그분이 영광 받으시는 것'이며, 우리의 비전은 그 영광을 향한 응답입니다.

3. **'영광'의 의미를 구체적으로 제시합니다.**
'영광'이라는 추상적인 개념을 원어와 용례(영광을 나타내신다. 돌린다. 받으신다.)에 기반하여 쉽게 표현하려고 시도했습니다.

- '하나님께서 자신을 알려 주시는 것'을 '계시'라고 하는데, 계시는 일반계시인 창조, 특별계시인 성경이 있습니다. 하나님은 '창조와 성경'으로 자신을 알리셨으며 우리가 하나님을 알리는 방법은 '복음 전파'입니다.
- '하나님을 보여 주는 것'을 '문화 사역'이라고 하는데, 하나님께서 지으신 창조 세계를 개발하여 거기에 담아 주신 하나님의 아름

비전을 찾는 그대에게

다움을 드러내는 것입니다. 구체적으로 자연을 '개발'하고 보호하며, 예수님의 '성품'을 닮아 가고, 세상에서 '봉사'하는 것입니다. 따라서 문화 사역은 '선한 인격과 봉사적인 생활로 하나님의 사랑을 보여 주는 것'입니다(마 5:13~16).

- '하나님을 높여 드리는 것'은 '예배'라고 하는데, 하나님을 높여 드리기 위해 우리의 모든 것을 제물로 바치는 헌신입니다. 따라서 하나님은 예배를 가장 기뻐하십니다.

결론적으로 **'하나님의 영광이란, 하나님을 알리고 보이며 높이는 것'** 이라고 정의합니다.

4. 문화 사역을 '선지자적(하나님의 뜻을 앎), 왕적(세상 변화), 제사장적(바른 사용)'[1] 사명으로 풀어내어, 단순한 사회 참여를 넘어선 사명의 실천임을 강조합니다.

5. '삼위 하나님의 꿈'이라는 렌즈로 창세기부터 요한계시록까지를 전망(展望)하여 하나님의 꿈이 성경의 일관된 비전임을 증명합니다.

6. 삼위일체 하나님의 사역으로 하나님의 꿈을 설명합니다. 삼위 하나님은 언제나 온전한 연합으로 함께하십니다. 그러나 에베소서 1장에서 '성부 하나님의 구속계획, 성자 예수님의 구속성취, 성령 하나님

---

[1] "인간은 하나님의 창조함을 받았을 때 선지자, 왕, 제사장의 세 가지 직무를 행하도록 되어 있었다." 박해경, 『조직신학요해』 아가페, 1994, 74.

의 구속 적용'으로 구분하듯이, 또 사도신경과 신앙고백서에서 '성부 하나님의 창조, 성자 예수님의 구속, 성령 하나님의 성화'로 구분[2]하듯 이 하나님의 꿈을 역사상에 나타난 삼위 하나님의 주도적인 사역과 순서에 따라 이해하기 쉽도록 구분했습니다. 그리하여 하나님의 꿈이 어떻게 우리에게 이루어지는지를 보여 줍니다.

7. 예수님의 사역을 시간 안에서 조망했습니다. 과거, 현재, 미래 속에서 일하시는 역사의 주관자로서의 그리스도를 조명합니다.

8. 구원의 서정 가운데 중생과 성화에 집중했습니다. 구원과 문화 사명이라는 내용과 흐름의 통일성을 위해 중생(구원)과 성화(문화 사명)를 연결하여, 구속과 창조의 사명이 조화를 이룸을 보여 줍니다.

9. 성경을 하나님의 꿈을 위한 구속사로 해석했습니다. 하나님은 자기 백성을 구원하실 때 기뻐하신다는 관점에서 성경은 하나님의 꿈을 풀어낸 이야기입니다.

10. 하나님의 영광을 선교 신학적으로 해석하고 적용하여 선교에 대한 새로운 시각을 제시했습니다. 선교의 정의가 다양하게 발전되어 왔습니다. 1세대는 외국에 가서 복음을 전하는 것, 2세대는 거듭나지 않

---

2) "우리는 전능하신 창조주 하나님과 구세주 예수님, 그리고 성화주 성령, 곧 삼위일체 하나님을 믿는다." 대한예수교장로회 고신총회, 『교회헌법』, 대한예수교장로회 총회출판국, 2023, 31; 이성호, 『특강 하이델베르그 요리문답』, 흑곰북스, 2013, 112.

비전을 찾는 그대에게

은 사람에게 복음을 전하는 것, 3세대는 타 문화권에서 복음을 전하는 것, 4세대는 복음 전파와 문화 사역(사회봉사)으로 정의합니다. 1세대는 국내인가, 외국인가 하는 '장소'가, 2세대는 거듭났는가, 아닌가 하는 '사람'이, 3세대는 자문화인가, 타문화인가 하는 '문화'가, 4세대는 복음 전파만인가, 문화 사역을 포함하는가 하는 '내용'이 선교의 개념을 정의하는 기준입니다.

선교 개념의 발전사				
	1세대	2세대	3세대	4세대
정의	외국에 가서 복음을 전하는 것	거듭나지 않은 사람들에게 복음을 전하는 것	타 문화권에 가서 복음을 전하는 것	복음 전파와 문화 사역을 하는 것
기준	장소	사람	문화	내용

고신대학교 선교목회대학원에서 선교학을 공부한 필자는 4세대인 '포괄적 선교 개념'을 따릅니다. 왜냐하면, 우리의 선교사역은 단순히 국경을 넘는 일이 아니라, 사람의 구원을 중심으로 하되 세상과 자연까지 선하게 변화시키는 문화 사역을 포괄하여 전 삶의 영역에 하나님의 주권을 선포하는 하나님나라를 지향하기 때문입니다. 따라서 이 책에서 말하는 '선교[3]'는 사람이나 장소나 문화를 불문하고 '사역의 내용

---

3) "복음 전도가 없는 선교 활동은 아무리 다양한 시도를 할지라도 휴머니즘 사회사업에 불과하다." 방동섭, 『선교 없이 교회 없습니다』, 생명의말씀사, 2010, 116~117.
   "선교란 복음 전도의 중심적 사역과 더불어 세상에서 빛과 소금으로서 사회를 변화시키는 봉사의 활동들을 통하여 하나님의 나라가 확장되게 하는 포괄적인 사역을 의미한다. 선교

이 복음 전파 + 문화'입니다.

11. **하나님의 영광을 위한 삶을 '예배 중심적, 선교 지향적 삶'으로** 제시합니다. **하나님의 꿈은 우리가 하나님의 영광을 위해 사는 것, 즉 하나님을 알리는 '복음 전파', 하나님의 사랑을 보여 주는 '문화 사역', 그리고 하나님을 높여 드리는 '예배'로 요약할 수 있습니다.** 하나님을 알리고 보여 주고 높이기 위해 사는 것입니다. 이것은 복음 전파와 문화 사역을 통해 모든 피조물이 하나님을 예배하도록 돕는 삶입니다 (계 5:11~14). '복음 전파 + 문화 = 선교'이며, 선교의 목적은 예배이므로 하나님의 꿈을 위해 예배를 중심에 두고 선교를 향해 나아갈 것을 제안합니다. **하나님의 영광을 위한 삶은 하나님을 알리고 보여 주며 높이기 위해 예배 중심적, 선교 지향적으로 사는 것입니다.**

12. 결론에서 독자들에게 개인의 야망이라는 작은 울타리를 넘어, 하나님의 꿈이라는 거대한 바다로 나아가도록 독려합니다.

13. 이 책은 파편화된 지식의 나열이 아니라 기독교 세계관, 예배학, 성경신학, 조직신학, 구속사, 하나님나라, 선교학이라는 다양한 학문의 샘물들을 모아, 하나님의 영광을 위한 삶이라는 깊은 통합의 우물을 파냅니다.

는 복음 전도보다 더욱 포괄적인 개념이며, 복음 전도는 선교의 핵심 요소이다. 복음 전도를 중심으로 하는 치료행위는 선교이지만, 복음 전도를 제외한 치료의 행위는 단순한 봉사활동에 지나지 않는다." 이복수·신경규, 『선교학 개론 강의안 및 자료집』, 고신대학교, 2003.

비전을 찾는 그대에게

읽을수록 풍성한 진리의 생수를 맛볼 것입니다.

14. 이 책은 5부 15장으로 구성되었습니다. '1부 하나님이 품으신 꿈'과 연결되는 우리의 비전은 '5부 13장. 생명으로 가득한 세상'이며, '3부 예수님이 다시 꾸신 꿈'과 연결되는 우리의 비전은 '5부 14장. 하나님나라 확장'이고, '4부 성령님이 이루어 가시는 꿈'과 연결되는 우리의 비전은 '5부 15장. 교회 건설'입니다. 따라서 교회에서 이 책으로 설교할 때는 1부 → 5부 13장, 2부 → 3부 → 5부 14장, 4부 → 5부 15장의 순서로 해도 됩니다.

15. 이 책에서 '하나님의 꿈'은 '성삼위 하나님의 꿈'을 줄인 표현입니다.

16. '꿈, 비전, 사명'의 정의를 구분하여 사용했습니다.

- 꿈[4]: 하나님께서 이루시고자 하는 거대한 설계도
- 비전: 그 안에서 내가 나아가야 할 삶의 방향 또는 목적
- 사명: 그 비전을 현실로 만드는 구체적인 행동

17. 이 책은 설교와 성경 공부 교재, 강의(나의 비전을 찾아서, 성경적 비전, 하나님의 영광을 위한 삶), 그리고 독서 토론으로 다양하게

---

[4] 필자가 이 책에서 하나님께 '꿈'이라고 표현한 이유는 '인간의 비전'과 대조하기 위해서다. '하나님의 꿈'은 '인간의 비전'의 상위개념으로서 '하나님의 작정'의 문학적인 표현이되, 하나님의 통치와 목적, 섭리와 주권을 내포한다.

활용할 수 있습니다.

18. 이 책은 모든 성도에게 유익하지만, 특히 청소년, 청년, 신학생, 목회자들에게는 깊은 통찰과 실천적 지혜를 제공할 것입니다.

하나님의 꿈을 향해 함께 걸어가는 사랑하는 아내와 하나님의 꿈쟁이 은진, 은성, 또 저를 주께로 인도하고 끊임없이 기도해 주시는 명애 누님, 동생들이 비전을 잃지 않도록 가난한 가정의 가장 역할을 해 주셨던 명순 누님과 명자 누님, 그리고 하나님의 꿈의 동역자들인 주님의품교회 성도들과 본서의 원고로 독서비평해 주신 거제목회자성경연구회 회원들과 피드백과 추천해 주신 목사님들, 특히 이 책이 있기까지 늘 격려하며 도와주신 서동수 목사님과 최만수 목사님, 박관수 목사님, 출간해 주신 좋은땅 출판사에 깊은 감사를 드립니다.

이 책을 통해 당신을 향해 꿈을 가지고 부르시는 하나님을 만나고 그분의 꿈을 가슴에 새기며 하나님의 꿈을 섬기기 위해 달려갈 비전을 발견하시기를 축복합니다. 어디에서 무슨 일을 하든 하나님을 알리고 보여 주고 높여 드리는 예배 중심적, 선교 지향적 삶으로 하나님을 영화롭게 하는 하나님의 꿈쟁이로 살아가시기를 응원합니다.

하나님의 꿈을 향한 영원한 동반자인 사랑하는 아내 은실에게 이 책을 바칩니다.

비전을 찾는 그대에게

차례

1부

하나님이
품으신 꿈

1. 성삼위 하나님의 꿈

『그런즉 너희가 먹든지 마시든지 무엇을 하든지 다 하나님의 영광을 위하여 하라』
(고전 10:31)

당신은 지금 어디를 향해 달려가고 있습니까?

서울에 가려는 사람이 부산 방향으로 달린다면 아무리 빠르게 달려도 목적지에 도달할 수 없습니다. 방향이 잘못되면 속도는 오히려 재앙이 됩니다. 중요한 것은 얼마나 열심히 사느냐가 아니라 '어느 방향으로 가느냐'입니다.

영화 〈포레스트 검프〉에서 주인공이 계속 달리니까 사람들은 그에게 어떤 특별한 목적이 있으리라 생각하고 함께 달리기 시작합니다. 그렇게 3년 2개월을 달리던 그가 '내가 왜 달리지?'라고 중얼거리며 갑자기 멈춥니다. 달리는 목적이 없었기 때문입니다. 그러자 그를 따라오던 사람들도 다 멈추고 흩어집니다. 목적 없는 질주는 결국 공허할 뿐이기 때문입니다.

> 비전 = 어떤 방향을 지속하게 하는 삶의 목적

이 장면은 오늘날 우리의 모습과 닮았습니다. 학생은 새벽부터 밤까지 공부하고, 부모는 더 일찍 일어나고 더 늦게 잠들며 희생하고, 직장

비전을 찾는 그대에게

인은 생계를 위해 40대에 과로사가 세계에서 가장 많을 정도로 몸을 혹사합니다. 가족이지만, 서로 얼굴도 보기 어려울 만큼 치열하게 살아갑니다. 이 글을 읽는 당신도 그렇게 살 것입니다.

하지만 정작 '나는 왜 이렇게 바쁘게 사는가?'라는 질문 앞에 멈칫하게 됩니다.

김보배는 『2025 미래 교육 대전환』에서 'MZ 세대는 의미와 가치를 추구한다.'라고 말합니다. 그러나 목적이 없으면 열심히 살아도 의미를 찾을 수 없습니다. 방향을 잃으면 속도가 빨라도 원하는 가치에 도달할 수 없습니다. 목적 없는 열심은 탈진과 허무만 남길 뿐입니다. 그래서 비전이 필요합니다.

우리는 지금까지 지구상에 다녀간 어떤 사람보다도 위대한 삶을 살아낼 잠재력이 있습니다. '사람'의 다른 이름은 '가능성'입니다. 그 무한한 가능성을 구체적인 가치와 방향으로 응축한 것이 '비전'입니다. 비전은 단순한 목표가 아닙니다. 목표가 구체적이고 성취 가능한 '결과'를 지향한다면, 비전은 인생 전체를 지속적으로 이끌어가는 '방향'이자 '삶의 근본적인 목적'입니다. 비전은 자긍심을 주고, 송곳 같은 집중력과 불꽃 같은 열정을 샘솟게 하며, 거대한 산이 가로막고 깊은 강을 만나도 포기하지 않고 인내하게 합니다. 그러므로 인생의 가장 중요한 과제는 일평생 자신이 달려갈 삶의 방향이며, 추구해야 할 삶의 목적인 비전을 찾는 것입니다.

> 비전을 찾기 위해 먼저 할 일 = 하나님의 꿈을 아는 것

당신은 그 비전을 찾았습니까? 진정한 비전은 무엇일까요?

좋은 대학, 안정된 직장은 필요합니다. 하지만 그것만으로는 인생 전체를 지탱할 수는 없습니다. 더 많은 소유나 높은 자리와 같은 하나님 없는 야망은 허망한 갈망일 뿐입니다.

진정한 비전은 하나님의 꿈을 섬기기 위한 비전입니다. 사람과 역사는 하나님의 꿈을 위해 존재하고, 그분의 꿈은 반드시 성취될 뿐 아니라, 하나님은 **'우리를 통해'** 그 꿈을 이루기 원하시기 때문입니다.

> 비전이란
> 하나님의 꿈을 섬기기 위한 삶의 방향이며 그분의 꿈을 지속적으로 섬기게 하는 삶의 목적

하나님의 꿈이야말로 우리 삶의 최고 가치이며, 가장 깊은 의미입니다. 하나님의 꿈을 이루기 위한 삶이야말로 가장 복되고 귀합니다. **'바른 비전이란 하나님의 꿈을 섬기기 위한 삶의 방향이며, 그분의 꿈을 지속해서 따르게 하는 삶의 목적'**입니다. 이처럼 비전은 하나님의 꿈을 위해 나의 삶 전체를 드리는 헌신이어야 합니다. 따라서 **진정한 비전을 찾는 첫걸음은 하나님의 꿈이 무엇인지 아는 것**입니다.

성삼위 하나님은 원대한 꿈을 품으셨습니다

다른 종교의 신은 아무런 욕구가 없고 그 신을 믿는 자들이 욕구를 가지고 신에게 요구합니다. 죽은 신이기 때문입니다. 그러나 기독교의

비전을 찾는 그대에게

하나님은 꿈을 가지고 주도적으로 우리를 인도하시고 역사를 통치하십니다. 우리가 믿는 하나님은 '스스로 존재하시는 살아계신 유일한 참 신'이시기 때문입니다.

하나님은 성부와 성자와 성령, 삼위로 완전한 사랑과 연합 속에 영원히 존재하시며 동시에 위대한 꿈을 품으셨습니다. 하나님은 전지하시기에 그분의 꿈은 완전하고, 전능하시므로 그 꿈은 반드시 이루어집니다. 따라서 '하나님의 꿈'은 단순한 소원이나 희망이 아닙니다. 이 책에서 하나님의 꿈은 하나님의 계획과 통치, 목적과 섭리, 그리고 하나님의 주권을 포괄하는 '하나님의 작정[5]'의 문학적인 표현입니다.

하나님의 꿈은 무엇일까요?

하나님의 꿈은 하나님의 영광입니다

고린도전서 10장 31절에 **『그런즉 너희가 먹든지 마시든지 무엇을 하든지 다 하나님의 영광을 위하여 하라』**고 했고, 웨스트민스터 소요리문답 1문에 "인간의 최고 목적은 하나님을 영화롭게 하는 것과 영원토록 하나님을 즐거워하는 것[6]"이라고 가르칩니다. 우리의 일상 모든 순간과

---

5) 백금산 지음, 김종두 그림,『웨스트민스터 소교리문답』, 부흥과개혁사, 2011, 70. "하나님의 작정은 하나님의 영원한 계획과 목적인데, 하나님의 작정에 따라 하나님은 자신의 영광을 위해 앞으로 일어날 모든 일을 미리 정하셨습니다."
6) 위의 책, 24. "하나님은 이미 존재 자체로 영화로우시다. 다만 피조물들이 하나님께 합당한 존귀와 경배를 드려 영화로우심을 받기 원하신다."

삶의 궁극적인 목적이 하나님을 기뻐하고 그분께 영광이 되는 것이 하나님의 꿈입니다.

'**영광**'의 헬라어 '독사(δόξα)'는 구약에서 '하나님의 임재'(겔 1:28; 11:23), 신약에서는 '하나님의 속성 전체'(마 16:27; 행 7:2, 55; 롬 1:23, 3:23, 5:2; 딤전 1:11)를 의미합니다. '영광'은 주로 하나님의 통치의 상징인 성막과 성전에서 나타났는데 '하나님의 본질, 하나님의 아름다움을 드러내시는 것'입니다(출 40:34~35; 레 9:23; 민 14:10; 대하 7:1~3; 사 6장).

'하나님의 영광'을 성경의 용례에 따라 구분해 보면 다음과 같습니다.

'하나님의 영광을 나타내신다'는 것은 하나님께서 먼저 자신의 본질과 아름다움을 드러내시는 '계시'와 관련됩니다(출 16:10; 사 43:10).

우리가 '하나님께 영광을 돌린다'는 것은 그 계시에 대한 우리의 응답으로서 하나님께 합당한 '예배'와 그분의 뜻을 이루기 위한 '순종'과 관련됩니다(사 43:21, 5:16).

'하나님께서 영광을 받으신다'는 것은 우리의 경배와 순종을 받으신 하나님의 반응으로서, 하나님의 뜻이 이루어짐으로 인해 그분이 '기뻐하시고 행복해하신다'는 의미입니다(사 43:7).

> - 영광을 나타내신다. = 계시(창조, 성경)
> - 영광을 돌린다. = 예배와 순종으로 높여 드림
> - 영광을 받으신다. = 기뻐하심

계시를 통해 하나님을 알게 되면, 우리는 경외신앙으로 예배를 드려 하나님께서 높임을 받으시고, 예배자의 순종을 통해 하나님의 뜻이 이루어지므로 그분은 기뻐하십니다. 그러므로 하나님의 꿈(영광)[7]은 온 세상에 그분의 위대하심이 알려지고 드러나서 높임을 받으시어 기뻐하시는 것입니다. 이렇게 될 때 우리는 진정한 존재의 목적을 이루게 됩니다. 따라서 하나님의 영광은 우리 삶의 궁극적인 비전, 곧 비전 위의 비전이 되어야 합니다.

하나님은 언제 가장 큰 영광을 받으실까요?

하나님은 우리가 진심으로 예배할 때
가장 영광을 받으십니다

하나님은 『여호와의 영광을 인정하는 것이 세상에 가득하』게 될 때, 즉 하나님의 이름이 온 세상에 알려져서 열방과 세계 중에서 높임을 받으실 때 가장 큰 영광을 받으십니다. 하나님은 우리가 그분의 이름을 빛내고 높일 때 가장 기뻐하십니다.

> 예배는 하나님을 높이기 위해 나를 드리는 헌신

하나님을 높이기 위해 자신의 모든 것을 사용하고, 하나님의 이름을

---

7) '하나님의 꿈'과 '하나님의 영광'은 의미상으로는 동일하다. 문맥에 따라 표현을 선택했다.

빛내기 위해 삶을 제물로 바치는 것을 '예배'라고 합니다. 예배는 오직 신께만 올리는 최상의 경의(敬意)로서, 하나님을 행복하게 해 드리기 위해 우리의 전 존재를 바치는 사랑의 헌신입니다.

당신은 하나님을 기쁘시게 하려고 예배합니까? 아니면 내 만족을 위해 예배합니까?

많은 성도가 '은혜받기 위해 예배'드리지만, 우리가 예배하는 궁극적인 목적은 나의 기쁨을 위해서가 아니라 '하나님을 기쁘시게 해 드리기 위해서'입니다.[8] 내가 은혜받는 것보다 하나님의 영광을 위해서입니다. 하나님께서 영광을 받으시면 자연히 그분이 주시는 은혜를 받습니다. 하나님을 높이려는 태도가 은혜받기에 가장 준비된 마음이기 때문입니다. 따라서 **예배자에게 중요한 것은 하나님을 높이려는 열망과 그것을 위해 나의 모든 것을 기꺼이 드리는 자세**입니다.

하나님은 하나님을 높이기 위해 영과 진리로 예배하는 자들을 찾으십니다(요 4:23). 『전심으로 자기에게 향하는 자를 위하여 능력을 베푸』십니다(대하 16:9). 말씀으로 만나 주시고, 그 만남을 통해 하나님을 알게 하십니다. 하나님을 경외하는 신앙을 일으키고 구원을 베풀어 회복시키십니다. 죄를 이길 거룩한 힘과 지혜를 공급하시며, 우리가 그분을 더 닮아 가도록 성화시키십니다. 그리고 마침내 하나님의 꿈을

---

8) "하나님께 영광이 되는 방식으로 예배가 기획되어야 한다. 예배에 참여한 신자들이 얼마나 큰 은혜를 받도록 할 것인가가 핵심이어서는 안 된다." 안재경, 『예배, 교회의 얼굴』, 그라티아, 2014, 35.

비전을 찾는 그대에게

위해 귀하게 사용하십니다. 따라서 예배만큼
하나님을 행복하게 해 드리는 것이 없습니다.
예배만큼 우리의 존재 목적에 합한 삶이 없고
우리를 부요하게 하는 것이 없습니다. 하나님나라의 모든 복은 하나님
께서 예배를 통해 베푸십니다.

하나님과 성도에게 가장 행복한 시간은 예배하는 주일

이처럼 예배는 하나님의 꿈을 이루는 시작이며, 우리 삶의 목적과 방
향을 새롭게 하고 하나님께 만복을 받는 특권입니다. 그러므로 하나님
도 성도도 가장 행복한 시간은 하나님을 예배하는 주일입니다.

선교는 죄인을 구원하고 세상을 변화시키는 거룩한 사역입니다. 하
지만 선교의 궁극적인 목적도 예배입니다. 사람들이 하나님을 예배하
지 않기 때문에 선교하는 것이고, 사람들을 하나님께 예배하는 자로
세우기 위해 선교하는 것입니다. 왜냐하면, 예배는 모든 피조물이 존
귀하신 하나님께 마땅히 드려야 할 합당한 행위[9]이며, 그분을 영화롭
게[10] 하는 가장 위대한 일이기 때문입니다. 따라서 『**하나님의 영광을 바
라고 즐거워하**』(롬 5:2)는 진정한 예배자만이 선교적인 삶을 살 수 있습
니다. 하나님의 영광을 위해 자신을 자원하여 드린 사람만이 세상 가

---

9) "역대상 기자는 여러 나라의 종족들아 영광과 권능을 여호와께 돌릴지어다(대상 16:28~29)라
    고 모든 민족이 영광의 하나님을 예배할 것을 요청한다." 최철영, 『새롭게 읽는 빌립보서』, 퍼
    플, 2024, 91.
10) "영화롭게 한다는 말은 상대를 찬양하고 즐거워하고 그 안에서 기뻐하는 것을 가리킨다. 또
    상대를 섬기고 따른다는 뜻이기도 하다." 팀 켈러 지음, 최종훈 옮김, 『하나님을 말하다』, 두
    란노, 2017, 328.

운데서 하나님을 나타낼 수 있습니다. 이처럼 예배는 비전의 시작이고 선교의 목적이며, 선교는 예배의 열매입니다.

하나님을 기뻐하는 예배자로 삽시다

하나님을 영화롭게 하고, 그분을 영원토록 즐거워하라는 소요리문답의 가르침을 가장 잘 실현하는 사람이 하나님을 기뻐하는 예배자입니다.

하지만, 안타깝게도 이스라엘은 하나님을 예배한다고 하면서도 마음은 하나님에게서 멀어져 있었습니다(사 1:14). 겉으로는 예배했지만 실제로는 우상을 숭배하며(사 2:8), 삶으로는 약자들을 억압했습니다(사 1:13, 23). 그들의 예배는 그저 '얼굴만 보이러 오는' 형식에 불과했고 마당만 밟고 돌아가는 공허한 예식이었습니다(사 1:12). 이에 하나님은 『너희 중에 성전 문을 닫을 자가 있었으면 좋겠도다』(말 1:10)라고 탄식하셨습니다.

하나님은 거룩하십니다. 그분을 예배하는 일은 그 어떤 것보다 진지하고 경건해야 합니다. 예배는 나를 위한 종교 행사가 아니라, **하나님을 기쁘시게 해 드리기 위한 거룩한 헌신**[11]이기 때문입니다.

---

11) 세상에 존재하는 어떤 종교도 자기 기쁨을 위해 종교의식을 행하지 않는다. 불교도가 삼천 배를 하거나, 이슬람교도가 머리를 땅바닥에 닿도록 절을 할 때나 무당이 굿을 할 때도 신에 대한 진지한 두려움으로 한다. 심지어 조상 제사도 엄숙하게 드린다.

비전을 찾는 그대에게

진정한 예배자는 예배를 소중히 준비합니다. 마음과 몸을 깨끗이 하고, 일찍 와서 '거룩하신 하나님, 지금까지 베푸신 은혜를 감사합니다 (시 50:23). 저의 예배를 받으시고 기뻐해 주세요.'라고 기도하며 예배를 사모합니다. 예배의 모든 순서마다 하나님을 높이려는 열망으로 찬미합니다. 하나님을 기뻐하며 사랑으로 경배합니다. 하나님께서 얼마나 행복하시겠습니까? 그런 예배 가운데 어찌 은혜가 임하지 않을 수 있겠습니까?

제가 초신자 때 다니던 교회가 몇 년을 분쟁하다가 두 교회로 나누어졌습니다. 그런데 놀랍게도 저는 바로 그때 그 교회에서 제 평생에 가장 뜨거운 은혜를 누렸습니다. 은혜는 나와 하나님과의 관계, 특히 하나님을 향한 나의 예배 태도와 연관됩니다. 당신이 은혜가 충만했던 때의 예배 태도를 떠올려 보십시오. 하나님을 생각만 해도 마음은 하늘을 날았습니다. '하나님'의 이름만 불러도 심장은 거룩한 불기둥이 되었습니다. '십자가'를 보기만 해도 주님 사랑에 감복한 영혼은 눈물의 제단이 되었습니다. 하나님을 기쁘시게 하고 싶어 예배를 사모하고 기다리던 몸과 마음은 즐거운 제물이 되었습니다. 하나님을 영화롭게 할 수만 있다면 나의 전부를 드리고 싶었습니다. 기도는 시간을 잊게 하는 하나님과의 친밀한 교제였으며, 말씀은 나를 향한 주님의 끊임없는 사랑의 메아리였습니다. 그러할 때 예배는 하나님과 만나는 전인격적인 감격의 잔치였고, 영혼의 지성소는 거룩한 불꽃으로 충만했습니다.

지금 당신의 예배는 어떠합니까?

예배의 본질은 하나님을 가장 기뻐하는 데 있습니다. 우리가 하나님을 최고로 기뻐할 때 하나님은 최고로 영광을 받으시며 우리는 최고로 행복합니다.[12] 하나님을 기뻐하십시오.

주일예배를 내 삶의 최우선 가치로 여기십시오. 주일에는 반드시 하나님께 예배드리십시오. 예배당에 가서 성도들과 **함께** 예배하십시오. 예배의 모든 순서에 하나님을 기쁘시게 하려는 거룩한 열망을 담으십시오. 찬송은 하나님의 위대하심을 기리는 노래이므로 가사에 공경의 마음을 담아 큰 소리로 부르십시오. 기도는 하나님께 드리는 간청이니 겸손한 마음으로 먼저 그분의 뜻을 구하십시오. 설교는 하나님의 말씀이니 하나님께서 나에게 직접 말씀하시는 것처럼 경청하십시오. 헌금은 내 삶의 필요를 공급해 주신 것을 감사하며 하나님의 뜻대로 사용하겠다는 헌신을 담아 드리십시오. 봉사는 하나님을 기쁘시게 하려는 열망과 형제와 이웃을 사랑하는 마음으로 자원하여 행하십시오. 강복선언은 하나님께서 주시는 복이니 경외하는 기쁨으로 받으십시오. 그러한 예배를 통해 우리는 하나님의 임재를 경험하고, 말씀을 통해 삶의 방향을 새롭게 정립하게 될 것입니다.

주일의 예배가 진실하다면, 그 열매는 일상의 순종으로 자연스레 드러납니다. 예배당 문을 열고 나가면 설교 말씀을 다 잊어버리고 세상

---

12) 조나단 에드워즈 · 존 파이퍼 지음, 백금산 옮김, 『하나님의 영광을 위한 하나님의 열심』, 부흥과개혁사, 2003, 9.

비전을 찾는 그대에게

사랑에 빠져 사는 것이 아니라, 하나님의 뜻을 이루기 위해 일상에서 말씀을 실천하십시오. 그러한 삶에서의 순종을 통해 우리의 예배는 온전해집니다. 그런 의미에서 '순종은 삶의 예배'이며 '바른 예배의 증거'라고 할 수 있습니다. 우리는 주일에 교회당에서 예배로, 평일에는 세상 속에서 순종하는 생활로 하나님께 영광을 돌리는 것입니다. 그러한 우리의 예배와 순종의 삶을 통해 세상은 하나님의 위대하심을 보게 될 것입니다.

딸이 생후 6개월쯤 되었을 때의 일입니다. 제가 퇴근하면 종일 아빠를 기다린 딸이 환한 웃음으로 반겨 주었습니다. 걷지도, 기지도 못하니까 누워서 기쁨으로 온몸을 파닥거리며 저에게 다가오려고 몸부림을 쳤습니다. 지금도 13세인 아들은 하루에도 몇 번씩 다가와 저에게 안기고 뽀뽀합니다. 저를 아빠로 알아보고 기뻐하며 품을 찾는 자녀들을 보면 제 가슴 깊은 곳에서 생명의 사랑이 샘솟아 오릅니다. 하루의 피곤이 단숨에 사라집니다. '아빠'라는 사실이 너무 행복합니다. 제가 기쁜 사랑으로 달려가 아이들을 안아줍니다. 그리고 '자녀들을 위해서라면 무엇이든지 하리라!'라고 헌신을 다짐합니다. 아이들도 아빠의 품에서 행복해합니다.

우리 하나님도 우리가 그분을 아버지로 알고 믿을 때 기뻐하십니다. 하나님과의 친밀함 속에서 우리가 행복해할 때 그분도 행복해하십니다. 하나님을 기쁘시게 해 드리려고 주님의 품으로 달려와 경외함으로 예배할 때 영광을 받으십니다. 우리로 인해 하나님께서 행복해하시면 그분은 우리를 품에 안으시고 우리를 위해 모든 것을 행하십니다. 하나님의 자녀들은 주님의 품 안에서 예배를 통해 그 모든 복을 날마다 누리며 살아가는 행복한 사람들입니다.

하나님을 기뻐하십시오. 진심으로 하나님을 기쁘시게 해 드리려고 예배하십시오. 하나님께서 행복해하십니다. 최고의 행복을 누릴 것입니다.

비전을 찾으려면	하나님의 꿈	하나님의 영광	하나님의 꿈을 위하여!
먼저 하나님의 꿈을 알라	하나님의 영광	온 세상에 하나님의 위대하심이 전해져서 모두가 알게 되어 하나님께서 경배를 받으시는 것	하나님의 영광을 바라고 즐거워하라 하나님을 높이는 예배에 헌신하라 이웃을 예배자로 만들기 위해 선교하라

비전을 찾는 그대에게

정리 및 나눔

1. 요즘 나는 무엇을 향해 달리고 있는가? 최고의 가치와 의미를 향하고 있는가?

2. 나의 비전을 찾기 위해 먼저 알아야 할 것은 무엇인가? 왜 그런가?

3. 삼위 하나님의 꿈은 무엇인가? 그것이 나의 비전과 어떻게 연관되는가? 즉 나는 어떤 비전을 품어야 하는가?

4. 하나님의 영광과 예배와 나의 비전은 어떤 관계인가?

5. 예배를 통해 은혜받았던 간증을 나누고, 그때와 지금의 나의 예배 태도를 비교해 보라. 나의 예배가 하나님을 행복하게 해 드리기 위해 변화되어야 할 것은 무엇인가?

6. 한 주간의 일상에서 내가 속한 공동체에서 예배자로 살기 위해 실천할 수 있는 구체적인 한 가지는 무엇인가?

7. 오늘 받은 은혜를 나누고 고린도전서 10장 31절을 암송하라.

2. 꿈으로 빚어진 인간

『하나님이 자기 형상 곧 하나님의 형상대로 사람을 창조하시되 남자와 여자를 창조
하시고』(창 1:27)

1867년, 인도 북부에서 늑대들과 함께 살아가던 한 소년이 발견되었습니다. 여섯 살이었지만, 사람의 말을 하지 못하고 늑대처럼 짖었으며, 네 발로 걷고 날고기만 먹었습니다. 몸은 분명 사람이었으나, 마음과 행동은 짐승과 다를 바 없었습니다. 어릴 때부터 늑대 무리 속에서 자라면서 그는 자신을 늑대로 인식했던 것입니다.[13] 그처럼, 자신이 누구인지에 대한 인식은 삶의 방향을 결정합니다.

당신은 자신을 어떤 존재라 생각하나요?

하나님을 아는 지식 다음으로 중요한 것은, '자신을 아는 지식'입니다. 자신을 '먼지'처럼 여기면 함부로 살게 되고, '하나님의 형상'으로 지음받은 존재임을 알면 고귀하게 살아갈 것입니다.

---

[13] 인간은 유년기 일정 기간 사람들과 교류가 없으면 사람의 언어와 행동을 배우지 못하는데 이를 '모글리 현상'이라 한다. 매년 세계에서 80명 정도가 동물들에게 양육된다고 하는데, 자신에게 영향을 준 동물들의 모습을 그대로 따라 행동한다고 한다. https://blog.naver.com/great_hunger7/223515621306.

하나님은 꿈이 있습니다. 그분의 꿈은, 모든 피조물이 하나님의 아름다우심을 알고 그분을 찬미하는 것입니다.

그 꿈을 이루기 위해 하나님께서 먼저 하신 일이 무엇일까요?

하나님은 자신을 드러내시기 위해[14] 세상을 창조하셨습니다

하나님을 예배하려면 먼저 하나님이 전해져야 합니다. 하나님을 전하려면 그보다 먼저 하나님을 알아야 합니다. 그리고 하나님을 알려면 하나님께서 먼저 자신을 우리에게 알려 주셔야 합니다. 피조물인 우리의 능력으로는 신이신 하나님을 알 수 없기 때문입니다.

하나님께서 하나님의 위대하심을 알려 주시기 위해서 지으신 것이 창조 세계입니다. 그래서 바울은 하나님께서 만물을 창조하신 이유가 사람들이 창조 세계를 보고 『하나님을 더듬어 찾아 발견하게 하려 하심』(행 17:26~27 참조; 욥 37:7)이라고 했습니다. 『그(하나님)의 영원하신 능력과 신성이 그가 만드신 만물에 분명히 보』(롬 1:20)이셨기 때문입니다.

---

14) "하나님은 우리가 하나님을 알고 예배할 수 있도록, 태초에 자신의 존재와 참된 성품을 나타내는 우주를 창조하셨다. 하나님은 자신의 영광을 펼쳐 보이려고 우주를 만드셨다." D. A. 카슨·팀 켈러 엮음, 최요한 옮김, 『복음이 핵심이다』 아가페북스, 2019, 45~46.
"하나님이 만물을 지으신 이유는 그 풍성한 창조의 능력을 통해 그분 자신의 영광을 환히 드러내기를 기뻐하셨기 때문이다." 코리 브록·나다니엘 수탄토 지음, 송동민 옮김, 『신칼뱅주의』 다함, 2025, 273.

하나님을 보지 못하는 사람들은 자연의 아름다움만 감탄합니다. 그러나 하나님의 자녀들은 자연을 통해 그 너머에서 창조 세계를 지휘하시는 하나님의 섬세하고도 전능한 손길을 보고 하나님을 찬미합니다. 성지 순례 가서 모세가 십계명을 받았던 시내산에 올라갔을 때의 일입니다. 보통 산에 올라가면 사람들은 자연의 경이로움에 사로잡혀 '야호~'하고 외치지만, 시내산에서 '야호~'하는 성도는 없었습니다. 한결같이 "♬하늘에 가득 찬 영광의 하나님, 온 땅에 충만한 주님의 높고 위대하심을♪" 찬양했습니다(찬송가 79장, 9장). 이것이 자연을 보는 신자와 비신자의 결정적인 차이입니다. 찬송가 64장의 가사처럼 "땅, 하늘, 별, 물, 숲, 산, 바다, 만물들이 주의 솜씨를 빛내고" 있기 때문입니다. 따라서 창조 세계를 깊이 들여다보면 하나님을 알 수 있습니다.

인류의 모든 첨단기술을 동원해도 다 볼 수도, 알 수도, 갈 수도 없을 만큼 끝없이 펼쳐진 우주는 그것을 지으신 하나님께서 얼마나 크신 분인지를 웅변합니다. 정밀하게 운행하는 천체의 구조는 그것을 지배하시는 하나님께서 얼마나 전능하신가를 깨닫게 합니다. 전자현미경을 통해서만 겨우 볼 수 있는 작은 생명체들 속에서 우리는 세밀하시고 정확하시며 지혜로우신 하나님을 만납니다. 씨앗을 심기만 하면 30배, 60배, 100배의 열매를 생산하는 땅은 하나님의 풍요로우심을 증거합니다. 그물을 가득 채우도록 물고기를 건져 올리는 생명의 창고에서 우리는 하나님께서 얼마나 부요한 분이신가를 생생하게 체험합니다. 아기를 바라보는 엄마의 얼굴처럼 맑고 파아란 하늘은 우리를 바라보시는 하나님의 얼굴과도 같습니다. 그래서 성도는 하늘에서 하나님의 얼굴을 봅니다. 타오르는 햇살로 만물을 품고 생기를 불어넣는 태양은 의의 태양이시며 치료하는 광선을 발하시는 하나님의 품을 느끼게 합니다(말 4:2). 시간마다 하늘을 장식하는 구름 전시회를 통해 우리는 하나님께서 얼마나 탁월한 예술가이신가를 발견하게 되고, 두 팔 벌려 환호하는 산의 나무들에서 하나님을 찬양하는 법을 배웁니다.

위대한 예술가가 작품을 완성한 뒤 자기 이름을 새겨 넣듯, 완전한 예술가이신 하나님께서는 자신의 영광을 창조 세계 곳곳에 새겨 넣으셨습니다. 이러한 창조 세계를 통해 하나님을 발견했던 시편 기자는 『하늘이 하나님의 영광을 선포하고 궁창이 그의 손으로 하신 일을 나타내는 도다』 (시 19:1)라고 하나님의 위대하심을 찬미했습니다. '이 세상의 존재 이유는 모든 피조물이 창조주 하나님의 영광을 앙망하게 하려는 것'입니다. [15]

이처럼 하나님은 당신 자신을 우리에게 알리시려고 만물을 창조하셨습니다. 그렇다면 모든 창조 세계는 하나님을 증거하는 것이 존재 목적입니다. 만물은 하나님의 아름다우심을 나타내기 위해 존재합니다. 인간이 창조 세계에서 하나님을 발견하고, 하나님을 기뻐하며, 하나님을 알리고, 하나님의 위대하심 앞에 경배하는 꿈을 가지고 하나님은 세상을 창조하신 것입니다. 따라서 하나님의 아름다우심을 발산하는 창조 세계는 하나님의 영광을 담은 거대한 화폭이며, 하나님의 살아 계심을 말해 주는 언어입니다.

---

15) 위의 책, 265.

그러나 광활한 우주에서부터 미세한 세포에 이르기까지 하나님의 아름다움을 담고 있음에도 불구하고, 자연은 하나님을 온전히 영화롭게 해 드리거나 하나님의 위대하심을 충분히 드러내기에는 한계가 있었습니다.

a. 자연은 이성이 없습니다

자연은 하나님을 스스로 인식할 수 없습니다. 하나님을 알아야 그분을 드러내고 높여 드릴 수가 있는데, 자연은 이성이 없으므로 광대하신 하나님을 더 깊이 알 수도, 더 풍성하게 나타낼 수도 없습니다. 자연은 하나님의 풍성하신 지혜와 지식을 제대로 증거하기에는 부족합니다.

b. 우주는 자유의지가 없습니다

우주는 자발적으로 하나님을 기쁘시게 할 수 없습니다. 자유의지가 없으므로 자연법칙에 본능적으로 굴복할 뿐, 자원하는 순종이나 적극적인 열정으로 하나님을 기쁘시게 할 수 없습니다.

c. 창조 세계는 인격이 없습니다

창조 세계는 하나님과 교제할 수 없습니다. 하나님은 인격적인 분이시지만, 광물이나 식물이나 동물은 인격이 없기 때문입니다. 따라서

비전을 찾는 그대에게

창조 세계는 하나님과 인격적으로 교제하지도 못하고 하나님의 아름다우신 성품을 닮아 가거나 드러내지도 못합니다.

d. 만물은 영혼이 없습니다

만물은 하나님께 진정으로 예배할 수 없습니다. 하나님은 보이지 않고 만질 수 없는 영이시지만, 만물은 보이는 물체로서 영혼이 없기 때문입니다.

이렇게 창조 세계는 본성을 따라 존재하며 순리의 법칙 안에서 창조될 때 유전자 속에 심어 준 기초적인 정도만 하나님을 나타낼 뿐입니다. 자연은 『회전하는 그림자도 없으』(약 1:17)신 하나님의 찬란한 영광스러움을 드러내기에는 너무도 희미했습니다.

그래서 하나님은,

하나님을 충만히 드러내고자
하나님의 형상으로 인간을 지으셨습니다

하나님은 당신을 더 깊이 알 수 있는 **이성적인 존재**, 하나님을 더 나타낼 수 있는 **인격적인 존재**, 하나님을 경배할 수 있는 **영적인 존재**, 자발적으로 하나님을 기쁘시게 할 수 있는 **의지적인 존재**, 그리고 다른 창조물과는 비교할 수 없이 하나님을 닮은 **탁월한 존재**를 만드셨습니다. 그리하여 하나님을 더 알고, 더 사랑하며, 더 기뻐하여 하나님의 위대하심을 마음껏 드러내고 예배하므로 하나님을 영화롭게 할 수 있는 복되고 **특~별한 존재**를 지으셨습니다. 바로 인간입니다.

하나님은 인간을 하나님의 형상으로 지으셨습니다(창 1:27). 하나님의 형상은 '의와 진리와 거룩함'(소교리 문답 10문)이며, 이는 우리의 인격과 도덕성을 포함합니다. 그리하여 인간에게만! 하나님을 닮은 성품과 스스로 선택하고 자기 결정에 책임지는 자유의지를 주셨습니다(창 2:16~17). 인간에게만! 하나님을 알 수 있는 이성과 하나님과 교제할 수 있는 영혼을 주셨습니다(창 2:7; 롬 1:19). 인간에게만! 만물을 다스릴 수 있는 리더십과 사명을 주셨습니다(창 1:28).

따라서 사람은 창조물 가운데 최고의 존재입니다. 위대한 명품입니다. 창조의 완성입니다. 인간은 세상에서 하나님을 가장 많이 닮았으며 하나님을 가장 깊이 알 수 있습니다. 인간은 온 땅보다 더 하나님의 성품을 풍성하게 나타낼 수 있으며, 창조 세계 전체를 합한 것보다 더 힘 있게 하나님을 증거할 수 있습니다. 그런 우리를 통해 하나님의 위대하심이 공개되고 높임 받으시기를 하나님은 기대하십니다.

그래서 하나님은 우리를 향해 『내 영광(기쁨, 행복)을 위하여 창조한 자』(사 43:7)이며, 『너희는 나의 증인』(사 43:10, 12)(알리는 사람)이고,

『나를 찬송하게』(사 43:21) 하기 위해 지었다고 말씀하신 것입니다. 사람은 하나님을 알리고 찬미하여 하나님을 기쁘시게 해 드리기 위해 창조되었습니다. 이것이 우리의 진정한 정체성이고, 존엄이며, 비전의 가장 깊은 뿌리입니다.

하나님의 꿈 = 하나님의 영광			
용례	영광을 나타내심	영광을 돌림	영광을 받으심
방법	계시, 창조, 임재	예배, 순종	(성취되어) 기쁨, 행복
창조(구원) 목적	증인 (사 43:10)	찬송하게 (사 43:21)	기쁨을 위해 (사 43:7)

그러나 세상은 이 진리를 버리므로 자신의 존재 가치를 잃고 살아갑니다. 진화라는 이름 아래 인간을 짐승의 후손으로 격하시켰습니다. 욕망을 성공이라 착각한 채 본질을 망각하며 살아갑니다. 영혼을 가진 인간이 육체의 쾌락만을 위해 하나님의 형상을 잊은 채 본능만 좇아 살아갑니다.

하지만 우리는 그렇게 살기 위해 창조된 존재가 아닙니다. 우리는 하나님의 꿈(영광)을 위해 창조된 특별한 존재입니다.

하나님을 보여 주는 삶을 삽시다

저는 자신을 귀하게 여기지 않았습니다. 저를 귀하다고 말해 준 사람이 없었고, 오히려 자라면서 들었던 부정적인 말들로 인해 제 자존감은 바닥이었습니다. 그러던 어느 날, 교회에서 들은 한 마디가 제 삶을 바꾸었습니다. '너는 하나님께서 그분의 형상대로 지으신 존귀한 존재다.' 그 설교를 듣고 창조주 하나님의 시선으로 나를 바라보니, '나는 하나님을 닮은 위대한 존재'임을 비로소 깨닫게 되었습니다. 황송하기도 하고 한편으론 나는 왕족보다 더 높은 '신족'이라는 믿음의 자존감이 생겼습니다.

그날 이후, 저는 하나님의 형상답게 살고 싶어졌습니다. 최고의 가치를 추구하며, 고귀하게 살자는 거룩한 자각이 일었습니다. 자신을 귀하게 여기니까 가치 있는 일에 눈이 가고 시간이 소중해지며, 삶에 희망도 생겼습니다. 이처럼, 예수님을 믿어 하나님의 형상을 회복한 성도는 자신을 『나는 여호와의 보시기에 존귀한 자』(사 49:5, 개역한글 성경)로 인식합니다.

하나님의 형상으로 사는 것, 즉 인간다운 존귀한 삶[16]은 어떤 것일까요?

예수님은 『보이지 아니하는 하나님의 형상』(골 1:15) 자체로서 하나님을 온전히 보여 주셨습니다. 그래서 『본래 하나님을 본 사람이 없으되 아버지 품속에 있는 독생하신 하나님이 (하나님을) 나타내셨느니라』(요 1:18)고 했으며, 예수님도 친히 『나를 본 자는 아버지를 보았』다(요 14:9)고 하셨습니다. 예수님으로 말미암아 잃어버린 하나님의 형상을

---

16) 하나님은 만물을 '자연법칙'으로 다스리시고 인간에게만 '자유의지'를 주셨다. 따라서 자연은 기계적으로 복종하지만 우리는 스스로 선택할 수 있다. 나의 모든 행동은 내가 선택한 것이다. 하나님은 우리의 의지로 하나님의 뜻을 선택하고 자원하여 순종하기를 원하신다.

회복한 성도는 하나님의 형상이신 그리스도의 장성한 분량까지 자라 감으로 하나님을 드러낼 수 있습니다(엡 4:13).

그러므로 **우리가 가져야 할 비전은 예수님처럼 '하나님을 보여 주는 자'로 사는 것입니다.** 하나님의 형상이신 예수님을 닮아 가는 성품과 삶으로 세상에 하나님의 아름다우심을 나타내는 것입니다.

이러한 비전을 가진 성도는, 하나님을 가장 닮은 자신을 존귀하게 여깁니다. 이성으로 자연과 인간에게서 하나님의 흔적을 발견하고, 영으로 하나님의 위대하심을 찬미합니다. 하나님을 나타내기 위해 하나님 알기를 사모합니다. 성령의 열매가 풍성한 하나님을 보여 주는 성품이 되기 위해 예수님 닮기를 힘씁니다. 하나님의 형상인 자녀를 인격적으로 존중하고 사랑으로 축복합니다. 이웃에게서 하나님의 형상을 발견하고 기뻐하며 격려합니다. 이 모든 일을 자기 의지로 자원하여 행합니다.

하나님의 꿈		하나님을 알리심	하나님을 꿈을 위하여!
= 하나님의 계획 = 하나님의 목적 = 하나님의 영광 = 하나님의 기쁨	하나님을 알고 하나님을 드러 내고 높임(경배, 찬미)	창조 세계로 인간으로	창조주 하나님만 섬기라 인간과 자연을 보며 하나님을 알고 찬미하라 하나님의 형상을 계발하여 하나님을 나타내라 하나님의 형상이 나타나는 사람을 격려하고 축복하라

정리 및 나눔

1. 자연을 통해 하나님의 아름다우심을 느꼈던 경험을 나누라. 그 경험이 나에게 어떤 영향을 주었는가?

2. 나는 자신을 귀하게 여기는가? 왜 그런가?

3. 하나님의 형상인 사람을 어떻게 대하는 것이 마땅한가?

4. 자신을 귀하게 여기지 않는 사람을 어떻게 도울 수 있을까?

5. 하나님의 아름다우심을 내 삶에서 어떻게 나타낼 수 있을까?

6. 서로에게서 보이는 하나님의 형상을 말해 주고 축복하라.

7. 오늘 받은 은혜를 나누고 창세기 1장 27절을 암송하라.

비전을 찾는 그대에게

3. 꿈을 맡은 대리통치자

『하나님이 그들에게 복을 주시며 그들에게 이르시되 생육하고 번성하여 땅에 충만하라! 땅을 정복하라!

바다의 고기와 공중의 새와 땅에 움직이는 모든 생물을 다스리라! 하시니라』(창 1:28)

   하나님은 창조하실 때 이름을 지어 주셨습니다. 『**빛을 낮이라 부르시고 어둠을 밤이라 부르시니라**』(창 1:5), 『**궁창을 하늘이라 부르시니라**』(창 1:8), 『**뭍을 땅이라 부르시고 모인 물을 바다라 부르시니**』(창 1:10), 『**그들을 사람이라 일컬으셨더라**』(창 5:2).

   여기에 사용된 히브리어는 모두 같은 카라(קָרָא)인데 '부르다, 이름 짓는다'라는 뜻입니다. 이름을 짓는 행위는 존재를 규정하는 통치행위이며 주권자의 고유한 특권입니다.

   그런데 『**아담이 모든 가축과 공중의 새와 들의 모든 짐승에게 이름을 주니라**』(창 2:20). 아담이 모든 새와 들짐승의 이름을 짓습니다. 인간이 하나님의 피조물에 대해 통치권을 행사하는 것입니다.

   인간은 무슨 권한으로 짐승들의 이름을 짓는 것일까요? 창조 세계에서 인간은 어떤 위치일까요?

하나님은 인간에게 세상을 맡기셨습니다

하나님은 인간에게 『주의 손으로 만드신 것을 다스리게 하시고 만물을 그의 발아래 두』(시 8:6)셔서 참왕이신 하나님의 통치를 세상에서 대신 수행하는 '대리통치자'[17]로 세우셨습니다. 우리는 하나님의 꿈을 땅 위에 펼치기 위해 그분의 것을 맡은 하나님나라의 '청지기'입니다.

하나님은 인간의 섬김을 통해 창조물들이 생육, 번성, 충만하며 하나님의 안식을 누리기 원하십니다. 그렇다면 세상은 단순한 거주지가 아니라 우리의 거룩한 사역지입니다.

하나님의 청지기로서 인간은 세상에서 무엇을 해야 할까요?

배우고, 일하며, 나누는 문화 사명

하나님은 인간에게 세 가지 중요한 사명을 주셨습니다.

a. 선지자적 사명: 창조 세계 속에 담긴 하나님의 뜻을 알라

28절 『생육하고 번성하여 땅에 충만하라』는 '많이 낳고 양육하여 퍼져가서 창조 세계 전체에 가득하라'는 의미입니다. 이 명령은 단순히 인

---

17) "아브라함 카이퍼에 따르면 하나님은 인류를 이 세상에서 그분의 뜻을 받들어 다스리는 부왕 (vice-regent)으로 삼으셨다." 코리 브록 · 나다니엘 수탄토 지음, 송동민 옮김, 앞의 책, 383.

비전을 찾는 그대에게

구 증가를 넘어, 양적 팽창과 질적 확장을 모두 포함합니다. 아직 발길이 닿지 않은 원시림에서부터, 눈에 보이지 않는 미세한 세포와 광대한 우주의 끝까지 지적으로 탐구하고 확장하라는 명령입니다. 하나님의 창조 세계는 얼마나 광대한지 오늘날까지 인간이 바다에 대해 아는 지식은 겨우 5%에 불과하다고 합니다.[18] 따라서 우리는 아직 미개발된 모든 분야를 끊임없이 탐구하고, 그 안에 담긴 하나님의 뜻을 발견해 가야 합니다.

이러한 사명을 감당할 수 있도록 하나님은 인간을 창조 세계의 선지자로 세우셨습니다.

선지자는 하나님의 뜻을 알고 전하는 사람입니다. 인간은 창조 세계의 선지자로서 존재하는 모든 피조물의 의미와 가치, 그리고 목적을 찾아내야 합니다.[19] 창조 세계 속에 숨겨진 하나님의 뜻을 찾아 해석하고 설명하는 것이 우리의 역할입니다.

선지자적 사역은 '지식으로 섬기는 사역'입니다.

창조 세계는 종류마다 다른 질서와 탁월함을 간직하고 있습니다. 우리는 하나님께서 허락하신 이성을 사용하여 각각의 피조물 안에 잠재된 하나님의 목적과 그들의 재능을 발견해야 합니다. 기독교 과학자, 교육자, 철학자, 신학자들이 하나님의 지혜를 밝혀내려는 모든 노력은 선지자적 사명에 속합니다.

---

18) https://ko.meteorologiaenred.com/바다는-왜-중요합니까.html
19) 석원태, 『설교학 원론』, 경향문화사, 1991, 65.

선지자적 사명을 감당하려면,

첫째, 하나님의 말씀으로 세계를 바라보아야 합니다.

빛을 무엇이라 부르셨는지, 바다의 경계를 어떻게 그으셨는지, 인간을 왜 지으셨는지, 이 모든 창조의 심오한 의미가 성경에 담겨 있습니다. 우리는 말씀을 통해 창조 세계에 대한 하나님의 뜻을 배워야 합니다. 말씀의 렌즈로 세상을 바라볼 때 비로소 세상의 참된 의미를 발견하고 올바로 해석할 수 있습니다.

둘째, 거짓된 사상과 싸워야 합니다.

세상은 창조주를 부인하고, 인간을 우주의 중심으로 두려는 오만한 사상들로 가득합니다. 우리는 성경의 흔들리지 않는 진리를 굳게 붙들고, 거짓된 생각과 이론을 하나님의 말씀 앞에 겸손히 굴복시켜야 합니다.

셋째, 하나님을 경외하며 끊임없이 배워야 합니다.

『여호와를 경외하는 것이 지식과 지혜의 근본』(잠 1:7, 9:10)이기 때문입니다. 신앙적 전제와 과학적 추론의 조화를 이루는 균형 잡힌 지성으로 창조 세계를 바라볼 때, 우리는 새의 날갯짓, 바람의 흐름, 별무리의 찬란한 춤에서 하나님의 신비와 지혜를 발견할 수 있습니다. 성경적 세계관으로 꾸준히 연구하는 사람만이 창조 세계의 진정한 의미와 가치를 깨달을 수 있습니다.

뻗어 가서 할 일은 무엇입니까? 이 지식을 가지고 무엇을 해야 합니까?

비전을 찾는 그대에게

b. 왕적 사명: 창조 세계를 하나님의 뜻대로 변화시키라

창세기 1장 28절『땅을 정복하라』. 하나님은 인간에게 다스릴 권한도 주셨습니다. 그러나 이는 폭력적 지배가 아니라 '하나님의 뜻대로 세상을 개발하고 변화시키라는 거룩한 부르심'입니다. 인간이 모든 영역으로 뻗어나가는 이유는 하나님께서 본래 의도하신 대로 자연을 가꾸고 다듬어 생명력 넘치는 세상을 만들기 위해서입니다. 이처럼 '정복'하는 것은 선지자적 지식에 기초하여 각자의 재능과 직업을 통해 하나님의 뜻대로 세상을 아름답게 가꾸는 창조적인 행위입니다.

이러한 사명을 감당할 수 있도록 하나님은 인간을 창조 세계의 왕으로 세우셨습니다.

왕은 참왕이신 하나님께 권세를 위임받아 백성을 보호하고, 영토를 확장하며, 하늘의 뜻을 이 땅에 이루어 가는 사람입니다. 인간은 창조 세계의 왕으로서, 만물이 하나님의 말씀에 복종하도록 지혜롭게 다스려야 합니다. 생태계가 하나님의 뜻대로 생육·번성·충만할 수 있도록 정성껏 돌보아야 합니다. 경건 운동으로 어둠의 세력들을 쫓아내고 하나님나라를 확장해 나가야 합니다. 정의롭고 창의적인 손길로 우리의 일터를 더욱 밝고 효율적으로 변화시켜야 합니다.

왕적 사역은 '노동으로 변화시키는 사역'입니다.

원석 덩어리를 가공하고 연마하여 눈부신 다이아몬드를 빚어내듯,

우리의 정직한 수고와 일을 통해 자연 속에 숨겨진 하나님의 아름다움과 풍요로움을 드러내는 것입니다.

왕적 사역을 잘 감당하려면 무엇보다 진리대로 세상을 변화시키려는 확고한 뜻을 정해야 합니다. 그리고 정직한 땀 흘림으로 담대히 도전해야 합니다. 믿음으로 성실하게 일하는 사람만이 세상을 하나님의 뜻대로 바꿀 수 있습니다.

정복한 다음에는 어떻게 해야 합니까?

c. 제사장적 사명: 하나님께서 맡기신 것을 바르게 사용하라

창세기 1장 28절 『모든 생물을 다스리라』. 뻗어 가고 정복하는 목적은 '다스리기' 위해서입니다. '다스림'은 단순한 통제가 아니라 '하나님의 본래 의도대로 사용하'는 것입니다. 하나님께서 맡기신 우리의 생명, 소유, 시간, 지식, 재능을 하나님의 영광과 이웃 사랑을 위해 사용하는 것입니다. 혼자 누리는 것이 아니라 다 같이 생육·번성·충만하도록 이웃과 공유하는 섬김의 삶입니다.

이러한 사명을 감당할 수 있도록 하나님은 인간을 창조 세계의 제사장으로 세우셨습니다.

제사장은 제사를 통해 하나님과 인간의 관계를 화목하게 회복시키

비전을 찾는 그대에게

는 역할을 합니다. 인간은 창조 세계의 제사장으로서 모든 열매를 하나님의 영광을 위해 드려야 합니다. 그것은 노동하여 얻은 것으로 자신도 누리며 이웃에게 봉사하여 하나님의 이름을 빛내 드리기 위해 사용하는 것입니다(마 5:16). 그러한 헌신과 섬김을 통해 창조 세계는 풍성한 하나님의 안식에 참여하게 됩니다.

제사장적 사역은 '바르게 사용하는 사역'입니다.

노동하여 거둔 열매를 이기적으로 쌓지 않고 이웃이 함께 생육 · 번성 · 충만하도록 사랑으로 나누는 것입니다. 이를 잊지 말고 정기적으로 실천하도록 만든 규례가 절기와 십일조입니다. 『너희 땅의 곡물을 벨 때에 … 가난한 자와 거류민을 위하여 남겨 두라』(레 23:22), 『안식년의 소출은 … 너와 네 남종과 네 여종과 네 품꾼과 너와 함께 거류하는 자들과 네 가축과 네 땅에 있는 들짐승들이 다 그 소출로 먹을 것을 삼을지니라』(출 23:11; 레 25:6~7), 『너는 … 십일조와 … 처음 난 것과 … 예물과 … 거제물은 … 네 자녀와 노비와 성중에 거주하는 레위인과 함께 그것을 먹고』(신 12:17~19), 『매 삼 년 끝에 그 해 소산의 십분의 일을 … 기업이 없는 레위인과 네 성중에 거류하는 객과 및 고아와 과부들이 와서 먹고 배부르게 하라』(신 14:28~29), 『절기를 지킬 때에는 너와 네 자녀와 노비와 네 성중에 거주하는 레위인과 객과 고아와 과부가 함께 즐거워하되』(신 16:14). 우리가 드리는 헌금도 서로를 돌아보아 균등하게 하려는 성경의 원리를 따른 나눔 사역입니다(고후 8:13~14; 출 16장). 이외에도 정직하게 세금을 내는 것이나, 기부, 사회적 약자나 재해 피해자를 돕는 봉사 등이 있습니다.

제사장적 사역을 잘 감당하려면 내 모든 소유의 주인은 하나님이심을 고백해야 합니다. 『온갖 좋은 은사와 온전한 선물이 다 위로부터 빛들의 아버지께로부터 내려오』(약 1:17)기 때문입니다. 또 '이웃의 어려움이 나의 책임'이라는 거룩한 부담감을 가져야 합니다. 그러한 빚진 자의식을 가진 사람만이 하나님께서 맡기신 것들을 가치 있게 사용하는 복의 통로가 될 수 있습니다. 『무엇이든지 남에게 대접을 받고자 하는 대로 남을 대접하』(마 7:12)는 사람이 바르게 사용하는 사람입니다.

창조 세계를 향해 뻗어 가는 선지자적 사역은 바른 **지식**이 있어야 가능하므로 열심히 **공부**해야 합니다. 세상을 하나님의 뜻대로 변화시키는 왕적 사역은 정직한 **땀** 흘림이 있어야 가능하므로 성실하게 **일**해야 합니다. 바르게 사용하는 제사장적 사역은 **섬김**이 있어야 가능하므로 받은 복을 하나님께 드리고 이웃과 **나누어**야 합니다.

이처럼 **창조 세계를 향한 하나님의 뜻을 알고(선지자), 일을 통해 그 뜻대로 개발하여 아름답게 변화시키며(왕), 자신도 누리고 하나님께 드리며 이웃과 나누는(제사장) 것을 '문화 사역'이라고 합니다.** 그러므로 **창조 세계를 향해 인간이 가져야 할 비전은 문화 사역입니다.** 열심히 배우고, 성실하게 일하고, 기꺼이 나누는 사람, 곧 **학생과 일꾼과 봉사자로 사는 사람이 참된 문화 사역자**입니다. 어디에서 어떤 일을 하든 이 사명으로 사는 것이 하나님의 꿈을 이루는 삶입니다.

비전을 찾는 그대에게

문화 사명을 위한 인간의 삼중직은 오직 하나님의 영광을 위해 우리에게 주신 직분입니다. 하나님의 위대하심을 알리고(선지자), 드러내어서(왕), 하나님께 경배하는 것(제사장)이 하나님을 영화롭게 하는 삶인 것처럼, 창조 세계를 향하신 하나님의 뜻을 알고(선지자), 노동으로 개발하여(왕), 바르게 사용하는 것(제사장)이 하나님의 영광을 위한 문화 사역입니다. 이를 무죄 상태의 아담에게 적용하면 만물을 생육·번성·충만케 하라는 하나님의 뜻을 알고(선지자),[20] 경작해서(왕), 거둔 열매를 나누는 것(제사장)입니다.

하나님의 꿈을 위한 인간의 3중직			
	선지자 사역	왕 사역	제사장 사역
하나님의 영광	하나님을 알리고	보여 주며	높여 드리는 것
문화 사명	창조 세계를 향하신 하나님의 뜻을 알고	그 뜻대로 개발하고 변화시켜서	하나님과 자신과 이웃을 위해 사랑으로 바르게 사용하는 것
성취 방법	성경과 학문을 배움	노동	섬김(예배/나눔)
아담	창조 세계가 생명으로 가득하도록	일하여	거둔 열매를 나누는 것

과연 인간이 이 막중한 문화 사역을 감당할 수 있을까요?

　하나님은 인간에게 문화 사역을 감당할 수 있는 능력을 이미 주셨습

---

20)　"아담이 동물의 이름을 짓는 행위를 통해 알 수 있는 것은 그가 왕직을 수행할 지혜가 있었다는 것이다. 선지자직을 수행한 것으로 볼 수 있다." 강현복, 『에클레시아』, R&F, 2015, 35~36.

니다. 창세기 1장 28절 『하나님이 그들에게 복을 주시며』에서 『복』의 원어 '바라크(בָּרַךְ)'는 성공, 번영, 다산(多産) 등을 위한 '능력을 부여하다' 라는 뜻입니다.

하나님은 인간이 달나라에 갈 능력을 창조하실 때 이미 주셨습니다. 20세기에야 지식의 축적으로 그 능력을 발견한 것뿐입니다. 이처럼 하나님은 인간에게 세상을 돌보는 데 필요한 모든 잠재력을 이미 허락하셨습니다.

그러므로 참된 문화 사역자는 믿음으로 평생 배우고, 순종으로 성실하게 일하며, 사랑으로 하나님과 이웃에게 봉사합니다. 배우고 일하며 나눔으로 세상을 더욱 아름답게 변화시키고 인류사회를 풍요롭게 하며, 하나님을 기쁘시게 하여 하나님의 꿈을 땅 위에서 이루어 갑니다.

그러나 세상은 신음하고 있습니다.

문화 사명을 망각한 인간들로 인해 세상은 깊은 고통에 빠져 있습니다. '정복'은 탐욕으로 변질되어 착취를 낳았고, '다스림'은 지배가 되어 억압을 낳았으며, '문화'는 오용되어 부패했습니다. 영화나 인터넷 게임에서 성적, 귀신적, 폭력적 콘텐츠가 넘쳐나고, 자연은 이기적인 남용으로 무참히 파괴되고 있습니다.

그 결과 『피조물이 다 이제까지 함께 탄식하며 함께 고통』(롬 8:22)합니다. 코로나와 지구온난화와 같은 이상 현상이 바로 죄와 그 결과들로 인해 창조 세계가 끙끙 앓는 고통의 신음입니다.

그러한 『피조물의 고대하는 바는 하나님의 아들들의 나타나는 것』(롬 8:19)입니다. 창조 세계는 신음하면서 하나님의 아들이 재림하여 죄에서 구원해 주기를 애타게 기다리고 있습니다. 이를 문화 사역에 적용하면, 모든 피조물은 바른 문화 사역자가 나타나서 창조 세계를 바르게 알고 변화시키고 사용해 주기를 간절히 바라고 있다는 것입니다.

청지기 의식을 가지고 문화 사역자로 삽시다

하나님은 세상을 향해서도 원대한 꿈을 가지고 계십니다. 인간의 문화 사역을 통해 이 세상이 평화와 생명으로 가득해지는 꿈입니다. 따라서 교회, 가정, 학교, 직장, 사회, 자연 이 모든 곳이 하나님의 뜻이 실현되어야 할 현장입니다.

당신은 문화사역자로 살고 있습니까?

하나님은 우리가 맡은 것을 얼마나 많이 쌓는가를 보시는 것이 아니라, 어떻게 사용했는가를 중요하게 보십니다. 주님의 이름으로 물 한 잔 대접한 것도 상이 있습니다(마 9:41). 한 잔의 물도 주님을 위해 사용하니까 천국에 기록될 만한 가치 있는 일이 되었고, 목마른 이웃을 돕기 위해 사용하니까 천국에서 상을 주실 만큼 주님께 기쁨이 된 것입니다. 그러니 그 물도 얼마나 기쁘고 행복하겠습니까? 인간과 창조 세계는 존재 목적대로 하나님의 영광을 위해 이웃과 나눌 때 비로소 자기 존재의 의미와 가치를 찾고 행복을 만끽합니다.

그러므로 우리는 주인을 몰라보는 배은망덕함과 배우지 않는 무지한 교만, 그리고 일하지 않는 태만과 나누지 않는 이기심을 회개합시다.

하나님의 꿈을 위하여!
문화 사역자의 사명감으로 삶의 모든 영역을 향해 힘껏 뻗어 갑시다. 세상을 하나님의 진리로 분별할 성경적 세계관과 실력을 준비합시다. 끊임없이 성경과 학문을 배우며 하나님의 뜻을 알아 갑시다.
창조 세계를 맡은 청지기로서 악한 문화와의 영적 전쟁을 선포하고 하나님의 진리대로 세상을 변화시킵시다. 내가 있는 그곳에서 하나님의 말씀에 순종함으로 죄악을 몰아내고 도전적인 땀 흘림으로 세상을 아름답게 변화시킵시다. 성실하고 정직한 노동으로 우리의 일터를 가꿔 나갑시다.
하나님께서 주신 복을 누리되 절제하여 하나님의 영광을 위해 사용합시다. 하나님께 받은 복으로 예수님을 전하고 어려운 이웃과 나누며 자연도 소중히 보호합시다.

김장하 선생님은 남성당 한약방을 운영하며 가난한 환자들에게 돈을 적게 받았고, '아프고 괴로운 사람들을 상대로 돈을 벌었으니 그 소중한 돈을 함부로 쓸 수 없다.'며 사회로 환원하기 시작했습니다. 100

비전을 찾는 그대에게

억을 들여 명신고등학교를 설립하여 국가에 헌납했고 수많은 단체를 도왔으며 장학금을 받은 학생만 1,000여 명이라고 합니다.

그분에게 장학금을 받은 학생 중 한 명인 문형배 전 헌재 재판관이 감사의 인사를 드리려고 갔을 때, 김장하 선생님은 "나에게 고맙다고 할 필요 없다. 나는 이 사회에 있는 것을 너희에게 주었을 뿐이니 혹시 갚아야 된다고 생각하면 이 사회에 갚으라"라고 말했습니다.

'돈을 모아 두면 똥이 되고 흩어 버리면 거름이 된다. 돈도 주변에 나눠야 꽃이 핀다.'라고 하시며 평생을 '누군가에게 거름이 되는 삶'을 사셨습니다. 자신의 이름이 방송에 나오는 것이나 상을 받는 것을 철저히 거절하며 오른손이 하는 일을 왼손이 모르게 섬기셨습니다.

그분의 삶은 '시민의 스승'이 되어 후세들이 닮고 싶은 우리 사회에 희망으로 빛을 발하고 있습니다.

우리가 이웃을 돕기 위한 섬김의 마음으로 거름이 될 때 하나님께서 기뻐하시는 개인과 교회와 나라로 꽃이 필 것입니다. 하나님의 꿈을 품은 사람은 배우고 일하여 나누는 '거름의 삶으로' 공동체가 생육·번성·충만과 안식을 누리게 합니다.

하나님의 꿈	문화(청지기) 사명			하나님을 꿈을 위하여!
생육·번성·충만 정복하라 다스리라	뻗어 감 정복함 다스림	선지자 왕 제사장	진리의 말씀으로 분별 말씀에 순종으로 개발 나눔으로 바른 사용	끊임없이 배우라(지식, 실력) 성실하고 정직하게 일하라 (노동) 하나님께 드리고 이웃과 나눔으로 섬기라(봉사)

정리 및 나눔

1. '생육·번성·충만하라'는 (   )적 활동으로 하나님의 창조 세
계를 지적으로 (   )가는 것이고,
   '땅을 정복하라'는 (   )을 통해 하나님의 뜻대로 세상을
(   )시키는 것이며,
   '다스리라'는 하나님의 본래 의도대로 하나님과 이웃을 위해
(   )으로 (   )하는 것이다.

2. 표 안의 괄호를 채우라.

하나님의 꿈을 위한 인간의 3중직			
	선지자 사역	왕 사역	제사장 사역
하나님의 영광	하나님을 ( )	( )주며	( )여 드리는 것
문화 사명	창조 세계를 향하신 하나님의 뜻을 알고	그 뜻대로 개발하고 ( )시켜서	하나님과 자신과 이웃을 위해 ( )으로 바르게 사용하는 것
성취 방법	성경과 학문을 ( )	노동	섬김(예배/나눔)
아담	창조 세계가 ( )으로 가득하도록	( )하여	거둔 열매를 ( )는 것

비전을 찾는 그대에게

3. 선지자(연구, 지식), 왕(일, 변화), 제사장(나눔, 섬김) 중 내 삶에 가장 결핍되거나 강화해야 할 영역은 무엇이며, 구체적으로 어떻게 실천할 수 있을까?

4. 문화 사역의 모델적인 사례를 나누어 보라. 그들의 삶이 주는 도전은 무엇인가?

5. 내가 일상에서 하나님의 뜻대로 변화시켜야 할 구체적인 영역이 있다면 어디이며, 어떻게 실천하겠는가?

6. 하나님께서 내게 맡기신 자원을 나누는 거룩의 삶을 살기 위해 지금 시도할 수 있는 것을 나누어 보라.

7. 오늘 받은 은혜를 나누고 창세기 1장 28절을 암송하라.

2부

인간이
깨트린 꿈

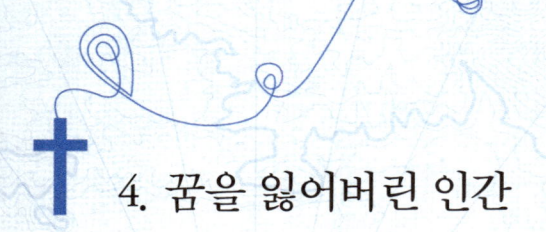

4. 꿈을 잃어버린 인간

『하나님과 같이 되어 … 여자가 그 실과를 따먹고』(창 2:15~17, 3장)

당신은 유혹이 올 때 어떻게 반응하십니까?

하나님은 생명으로 충만한 세상을 기대하며 인간에게 맡겨 주셨습니다. 그러나 인간은 하나님의 꿈보다 자신의 어리석은 욕망을 선택했습니다.

하나님은 인간과 언약으로 질서를 세우셨습니다

창세기 2장 16~17절에 『여호와 하나님이 그 사람에게 명하여 이르시되 동산 각종 나무의 열매는 네가 임의로 먹되 선악을 알게 하는 나무의 열매는 먹지 말라 네가 먹는 날에는 반드시 죽으리라 하시니라』. 하나님은 에덴동산 가운데에(창 2:3) 생명나무와 함께 선악을 알게 하는 나무를 두셨습니다. 모든 나무의 열매는 자유롭게 먹을 수 있었지만, 선악과만은 먹지 말라고 금하셨고, 이를 어기면 반드시 죽는다고 분명히 경고하셨습니다. 이것은 하나님과 아담사이의 엄숙한 약속입니다(호

6:7). 아담은 선하게 창조되었지만 거룩한 존재는 아니었습니다. 아담이 행위를 어떻게 하는가에 따라서 영생을 얻든지 죽든지 하게 될 것이므로 '행위언약'이라고 부릅니다.

이 언약은 단순한 법이 아니라, 하나님의 주권을 인정하고 그분의 뜻을 신뢰하는 신앙의 고백이었습니다. 선악과는 아담의 것이 아니었습니다. 하나님께서 금하셨으므로 손대서는 안 될 영역이었습니다. 선악과를 먹으면 죽는 이유는 나무에 신비한 독이 들어 있는 것이 아니라 '하나님께서' 먹으면 죽는다고 '결정'하셨기 때문입니다.

따라서 선악과를 먹는 의미는 단순히 과일 하나 따먹는 것이 아니라 하나님의 주권을 인정하지 않고 자기가 주인이 되려는 '반역'이며, 하나님의 결정에 순종하지 않고 자기 마음대로 결정하려는 '교만'이며, 자기 것이 아닌 것을 자기 것으로 삼으려는 '탐욕'입니다.

선악은 하나님께서 결정하십니다. 따라서 선악의 문제는 인간이 스스로 결정하지 말고 하나님께 여쭈면 됩니다. 하나님의 주권을 인정하고 하나님의 결정에 순종하면 선이고, 불순종하면 악입니다.

하나님의 꿈을 위해 사명을 따라 살면 하나님께서 부족함 없도록 공급해 주십니다(마 6:33). 하나님은 인간을 지으실 때 소유를 많이 쌓거나 높아지기 위해 사는 것이 아니라 서로 섬기며 살도록 창조하셨습니다. 인간이 하나님께서 정하신 말씀의 법대로 순종하여 노동으로 얻은 소득을 나누므로 모든 생명이 생육·번성·충만하길 원하셨습니다. 그러할 때 에덴은 하나님의 꿈이 펼쳐지는 땅이었고, 하나님은 그 에덴이 온 세상으로 확장되기를 기대하셨습니다.

아담의 사명은 에덴을 지키고[21] 확장하는 것이었습니다. 그러한 하나님(의 꿈)에 대한 인간의 신뢰와 순종의 증표로 선악과를 두신 것입니다. 왕이신 하나님의 통치가 온전히 구현될 때 비로소 하나님의 안식을 누릴 수 있습니다. 따라서 아담은 자신과 그에게 맡겨진 창조 세계가 진정한 안식의 복을 누리기 위해, 선악과를 금하신 하나님의 말씀(통치)에 온전히 복종해야 했습니다.[22] 그러나…

사탄이 사람을 유혹합니다

욥기 38장 4절과 7절 『내가 땅의 기초를 놓을 때에 … 새벽 별들이 기뻐 노래하며 하나님의 아들들(angels)이 다 기뻐 소리를 질렀느니라』. 하나님께서 땅을 창조하실 때에 하늘의 천사들이 기뻐하며 찬양했습니다. 이는 보이는 세계가 창조되기 전에 이미 보이지 않는 영적 세계가 먼저 창조되었음을 암시합니다. 『큰 용이 내쫓기니 옛 뱀 곧 마귀라고도 하고 사탄이라고도 하며 온 천하를 꾀는 자라 그가 땅으로 내쫓기니 그의 사자들도 그와 함께 내쫓기니라』(계 12:9). 보이지 않는 영적 존재 가운데 사탄과 그를 따르는 천사들이 있었는데, 그들이 하늘에서 쫓겨났

---

21) "창세기 2장 15절에 에덴동산을 "지키게 하시고"는 어떤 세력이 동산을 공격할 수 있음을 전제한다." 위의 책, 35.
22) 한국동남성경연구원, 『성경에 나타난 시간과 공간, 어떻게 설교할 것인가?』, SFC, 2022, 178.

비전을 찾는 그대에게

습니다. 그 이유는 『하나님이 범죄한 천사들을 용서하지 아니하시고』(벧후 2:4)에서 보듯이, 하나님께 범죄했기 때문입니다. 그들이 범한 죄는 『자기 지위를 지키지 아니하고』(유 6) 교만에 빠져 천사의 지위 이상을 넘본 것입니다. 사탄을 따른 천사들은 저주를 받아 더러운 귀신으로 변했습니다(마 12:24).

하늘에서 쫓겨난 사탄은 하나님께서 지으신 창조 세계와 그분이 각별한 애정을 쏟으신 인간을 보았습니다. 하나님께서 영광을 받으시는 것을 시기하는 사탄은 인간과 세상을 파괴하고 자신의 왕국으로 만들고자 교활한 음모를 꾸몄습니다. 하나님께서 인간에게 세상을 맡기셨기에, 사탄은 지상에서의 하나님의 대리통치자인 인간을 유혹했습니다.

a. 가면을 쓰고 다가옵니다

에덴동산에서 사탄은 뱀의 모습으로 인간에게 다가왔습니다. 사탄은 외적으로는 분별하기 어려울 만큼 교묘하게 자신의 정체를 숨깁니다. 때로는 나와 친숙한 사람이나 환경을 이용해서 접근하여 경계를 무너뜨립니다.

b. 은혜의 풍성함은 지우고 금지만 부각시킵니다

여자에게 접근한 뱀은 『하나님이 참으로 너희에게 동산 모든 나무의 열매를 먹지 말라 하시더냐?』(창 3:1)라고 묻습니다. 히브리어 원문은 창세기 2장 16~17절의 『모든 나무의 열매』를 문장 앞에 두어 하나님의 풍성한 은혜를 강조하는데, 창세기 3장 1절에서 사탄은 『모든 나무의 열매』를 문장의 맨 끝에 두어 하나님의 은혜를 축소하고 왜곡합니다. 또 하나님은 '모든 나무의 열매를 먹으라'고 하셨는데, 뱀은 '모든 나무의 열매를 먹지 말라고 하셨다며?'라고 말을 바꾸어 마치 하나님이 전부를 금지한 인색한 분인 양 꾸며 여자의 마음에 불만을 심었습니다. 이처럼 사탄은 하나님의 은혜에서 시선을 돌려, 오직 금지된 하나에만 몰두하도록 교묘하게 속입니다. 죄는 언제나 이렇게 시작됩니다. 하나님이 정하신 선과 악을 인간이 판단하려 할 때부터 질서는 무너지고 관계는 깨어지기 시작합니다.

당신의 마음에 불만이 솟아나고 하나님이 금하신 것에 자꾸만 관심이 갑니까? 사탄이 당신을 부추기는 것입니다.

c. 말씀을 의심하게 합니다

하와가 하나님의 말씀을 어렴풋이 알고 중요하게 여기지 않음을 간파한 뱀은 확신 있게 외칩니다. 『너희가 결코 죽지 아니하리라』(창 3:4). 그러나 이 말은 명백한 거짓이었습니다. 진리만을 말씀하시는 하나님(요 17:17)이 『네가 먹는 날에는 정녕 죽으리라』(창 2:17)라고 분명히 선언하셨기 때문입니다.

사탄은 하나님의 말씀과 대립되는 거짓(요 8:44)으로 우리를 꾀어 하나님의 말씀을 의심하게 합니다. 혹시 당신 마음속에 하나님의 말씀

비전을 찾는 그대에게

에 대한 의심이 고개를 듭니까? 사탄이 거짓말로 당신을 꼬드기는 것입니다.

d. 의도를 왜곡합니다

뱀이 확신에 찬 거짓말에 여자가 혼란스러워하자, 뱀은 더욱 강력한 미끼를 던집니다. 『너희가 그것을 먹는 날에는 … 하나님과 같이 되어 선악을 알 줄 하나님이 아심이니라』(창 3:5). 선악과를 먹으면 너희도 하나님과 같이 되기 때문에, 하나님이 시기심으로 먹지 못하게 했다는 것입니다. 그러나 하나님은 자발적이고 인격적인 순종을 기대하시며 선악과를 금하셨습니다. 하나님과 바른 관계 속에서 영생의 복을 누리게 하기 위해서입니다. 하나님의 사랑이 믿어지지 않습니까? 당신을 하나님과 멀어지게 만들려는 사탄의 간교한 술책입니다.

e. 청지기에게 주권을 부추깁니다

창세기 3장 5절에 사탄은 『너희가 그것을 먹는 날에는 … 하나님과 같이 되어』라고 속삭이며, 선악과를 먹으면 '너도 하나님과 같이 될 수 있다.'라고 유혹합니다. 즉 '선악과는 하나님과 동등하게 될 기회'라는 달콤한 속삭임입니다. 그러나 인간은 주권자가 아니라 주권자이신 하나님의 청지기이며 대리통치자일 뿐입니다. 인간이 선악과를 먹으면 하나님이 되는 것이 아니라, 오히려 죽습니다(창 2:17). 당신에게 과도한 욕심이 일어납니까? 당신을 죄인으로 만들고 생명을 앗아가기 위한 사탄의 거짓된 계략입니다.

인간은 범죄하여 하나님의 형상과 꿈을 상실했습니다

유혹을 받는 것 자체는 죄가 아닙니다. 그러나 유혹에 넘어가면 죄입니다. 하나님께서 말씀으로 선을 알려 주셨고, 자유의지로 거절할 수 있었음에도 불구하고 인간이 스스로 악을 선택했기 때문입니다.

a. 인간은 탐욕과 교만으로 범죄합니다

뱀의 확신에 찬 거짓말과 '하나님이 될 수 있다'는 강력한 미끼에 여자는 결국 넘어가고 말았습니다. 하나님의 말씀을 듣고 선악과를 바라볼 때는 '하나님께서 우리 위에 계신다'는 질서 의식, '하나님께서 금하셨으니 먹으면 안 된다'는 순종의식, '먹으면 반드시 죽는다'는 심판의식이 있었습니다. 선악과 근처에도 가지 않았을 것입니다.

그러나 뱀의 말을 듣고 선악과를 보니, 그것이 지혜를 줄 것처럼 탐스럽고 먹음직스럽게 보여 군침이 돌았습니다. 여자는 하나님이 되려는 교만에 사로잡혀 선악과를 따 먹습니다. 『여자가 그 열매를 따먹고 자기와 함께 있는 남편에게도 주매 그도 먹은지라』(창 3:6). 여자는 아담이 선악과를 따먹도록 돕는 역할을 했고, 인간은 마땅히 다스려야 할 뱀의 말을 듣고 따랐습니다. 이러한 잘못된 선택으로 인해 세상에 죄가 들어왔습니다.

너도 하나님이 될 수 있어	→	나도 하나님이 될 거야!	→	이젠 내가 하나님이야!
유혹 →	탐심 →	악한 결심 →	교만 →	범죄

죄는 하나님의 결정에 따르지 않고 내 마음대로 결정하는 '교만'입니다. 내 것이 아닌 것을 탐하여 내 것으로 삼으려는 '탐심'입니다. 하나님의 법을 어긴 '불법'이고, 하나님의 말씀에 대한 '불순종'입니다. 하나님의 주권에 대적하는 '반역'이며, 하나님과의 약속을 깨트린 '언약 파기'입니다(호 6:7). 하나님보다 사탄을 더 신뢰하는 '불신앙'입니다. 인간은 자신의 의지로 잘못된 선택을 한 것입니다.

그 결과,

b. 인간은 죄인이 되었습니다

인간이 범죄하여 에덴을 지키지 못하자 죄가 아담과 세상에 들어오게 되었습니다(롬 5:12). 처음 창조됐을 때의 아담을 깨끗한 물이라고 한다면, 죄를 범한 후 아담의 상태는 정수(淨水)에 검은 잉크를 부은 것과 같다고 할 수 있습니다. 하늘처럼 맑았던 아담의 전 인격이 죄로 오염된 폐수가 된 것입니다. 이제 인간은 죄성을 가진 부정한 존재가 되어, '죄를 범하지 않을 수 있는 상태에서 죄를 안 지을 수 없는 상태'[23] 가 되었습니다. 죄인이 된 인간은 다음과 같은 비극을 맞이합니다.

부끄러움을 느꼈습니다. 범죄하기 전에는 부부가 서로 벌거벗은 모습을 보아도 부끄럽지 않았습니다(창 2:25). 그러나 죄를 짓자마자 자신의 모습에 대해 수치심을 느꼈고(렘 22:22), 있는 모습 그대로 보이기가 부끄러워졌습니다.

스스로 종교를 만들었습니다. 『무화과(無花果) 나무 잎을 엮어 치마로 삼았더라』(창 3:7). 범죄한 아담이 처음으로 한 일은 자신의 수치(죄)를 가리기 위해서 무화과나무 잎으로 치마를 만든 것입니다(렘 13:26 참조). 이렇게 인간의 노력으로 죄를 해결하려는 시도가 '종교'입니다. 하지만 겉모습을 아무리 치장해도 그것으로 사람의 속까지 변화시킬 수는 없습니다. 무화과나무 잎이 시들면 부끄러움을 가릴 수 없듯이, 인간의 선행공로를 의지하는 종교는 하나님 앞에서 죄를 결코 없애 주지 못합니다. 그 증거가 무화과 치마를 입고도 여호와의 음성을 들었을 때 두려워 피한 것입니다.

하나님을 피하고 숨었습니다. 『그들이 하나님의 소리를 듣고 하나님의 낯을 피하여 동산 나무 사이에 숨은지라』(창 3:8). 죄는 하나님 앞에 나아가지 못하게 합니다. 죄인은 말씀으로부터 스스로 멀어집니다. 당

---

23)   송영재, 『더 뉴커버넌트 신학』, CLC, 2024, 35, 324.

신은 지금 어디에 있습니까? 당신이 있어야 할 곳은 나무 사이가 아니라, 하나님 앞입니다.

하나님을 피합니다. 『내가 벗었으므로 두려워하여 숨었나이다.』(창 3:10). 죄인은 자기 죄로 인해 하나님을 두려워합니다. 죄의 삯은 사망이기 때문입니다(창 2:17). 따라서 죄인은 쫓아오는 사람이 없어도 사자에게 쫓기는 사람처럼 두려움 속에서 하나님으로부터 도피하며 살아갑니다(잠 28:1).

책임을 전가합니다. 아담은 『하나님이 주 … 신 여자 그가 … 내게 주므로 내가 먹었나이다』(창 3:12)라고 했고, 여자는 『뱀이 나를 꾀므로 내가 먹었나이다』(창 3:13)라고 했습니다. 심판이 두려운 그들은 자기 죄를 회개하지 않고 '하나님 탓입니다! 이 사람 탓입니다! 환경 탓입니다! 나는 속아서 그랬을 뿐입니다'라고 책임을 전가합니다. 사탄은 유혹만 할 뿐 우리에게 강제로 죄를 짓게는 할 수 없습니다. 하나님께서 인간에게 스스로 선택하고 결정할 수 있는 '자유의지'를 주셨기 때문입니다. 인간은 자기 의지로 행동합니다. 그러므로 자기가 범한 죄는 온전히 자기 책임입니다. 하지만 죄인은 남 탓만 하기에,[24] 죄인들의 공동체는 진정한 연합이 불가능합니다.

하나님의 형상이 파괴되었습니다. 영혼이 죽었습니다(엡 2:1). 영이

---

24) 하나님은 뱀에게는 묻지 않으셨다. 이 문제의 핵심은 아담과 하와가 자신의 의지로 죄를 선택했다는 데 있기 때문이다.

신 하나님을 알 수도, 교제할 수도, 드러낼 수도, 예배할 수도 없게 되었습니다. 그리하여 죄인은 자신을 육체로만 인식하고, 타락한 인격과 윤리로 오직 자기를 위해 살아갑니다.[25]

죄의 노예가 되어 사탄을 따릅니다. 『죄를 범하는 자마다 죄의 종이니라』(요 8:34). 범죄한 후 인간의 자유의지는 '노예 의지'로 변질되어 죄에게 종노릇합니다. 죄의 유혹을 이기지 못하게 된 것입니다.

또 죄인은 사탄을 따르며 살아갑니다. 『그때에 너희는 이 세상 풍조를 따르고 공중의 권세 잡은 자를 따랐으니 곧 지금 불순종의 아들들 가운데서 역사하는 영이라』(엡 2:2). 불신자들 가운데는 공중 권세 잡은 사탄이 역사합니다.

모든 인류가 죄인입니다. 『모든 사람이 죄를 범하였으매 하나님의 영광에 이르지 못하더니』(롬 3:23).[26] 죄성은 아담에게서 멈추지 않고 그의 후손에게 유전[27]되어 모든 사람을 죄인으로 만들었습니다. 이렇게 죄인들끼리 모여 살기에 세상에는 악이 그치지 않습니다.

죽음이 왔습니다. 인간이 범죄하므로 하나님께서 말씀하신 대로 죽

---

25) 영성은 죽었으나 인격과 도덕성은 타락한 채 존재하므로 불신자들도 사람이 보기에 선행이 가능한 것이다.

26) "태양이 짙은 구름으로 가려진다고 해서 태양 본체의 빛이 없어지지 않는 것처럼 하나님 본체의 영광은 사람의 죄악에 의해 조금도 줄어들 수 없다. 그러나 구름으로 인해 빛줄기의 찬란함이 가려지는 것처럼 인간의 죄악으로 인해 하나님 영광이 드러나지 않거나 가려진다." 스티븐 차녹 지음, 임원주 옮김, 『하나님을 아는 지식1』, 부흥과개혁사, 2013, 20~21.

27) "죄책(guilt)은 전가되고 죄성(corruption)은 유전된다." 송영재, 앞의 책, 135.

비전을 찾는 그대에게

음이 왔습니다(창 2:17). 모든 사람이 죄인이므로 모든 사람은 반드시 죽습니다(히 9:27; 롬 5:12).

성경에서 말하는 죽음은 존재의 소멸이 아니라 관계의 단절이며, 존재는 하지만 기능을 하지 못하는 상태를 의미합니다.

죽음에는 세 가지 종류가 있습니다.

첫째, 우리 영혼이 하나님과 분리되어 바른 기능을 하지 못하는 '영적인 죽음'입니다. 죄를 범한 아담에게 즉각적으로 임한 것은 영혼의 죽음이었으며, 아담의 후손인 모든 인류는 영혼이 죽은 상태, 즉 하나님과 관계가 단절되어 하나님을 알지 못하고 하나님을 대적하는 죄성을 가지고 태어납니다(엡 2:1; 롬 5:10).

둘째, 사람의 육체가 영혼과 분리되고 기능을 하지 못하는 '육적인 죽음'입니다. 육체 역시 죄의 결과인 사망의 심판을 받아야 하므로 모든 사람은 반드시 죽습니다(히 9:27).

셋째, 영혼과 육신이 하나님과 영원히 분리되어 기능을 하지 못하는 '영원한 죽음'입니다. 하나님과 영원히 단절되는 것으로, 관계 회복이 불가능한 지옥에서 자기 죗값으로 영원한 형벌을 받는 것입니다(눅 16:26). 나무에서 가지를 잘라 내면 서서히 시들어 죽어가듯, 인간도 생명의 근원이신 하나님으로부터 단절(영적인 죽음)되었기 때문에 세월이 지나면 육체는 마르고 기능도 정지됩니다. 믿지 않는 사람의 상태는 영혼이 죽었고, 육체는 죽어가고 있으며, 장차 영육이 지옥에서 영원한 죽음의 형벌을 받을 것입니다. 지옥은 죽은 즉시 가는 곳으로, 한번 들어가면 영원히 나올 수 없으며, 하나님의 진노로 인해 견딜 수 없는 고통이 있는 곳입니다(막 9:48~49; 눅 16:23).

c. 에덴에서 추방됩니다

『에덴동산에서 … 그 사람을 쫓아내시고 에덴동산 동쪽에 그룹들과 두루 도는 불 칼을 두어 생명나무의 길을 지키게 하시니라』(창 3:23~24). 하나님은 범죄한 인간을 에덴에서 추방하시고, 다시 에덴에 들어오지 못하도록 경비 천사를 세우셨습니다. 죄인은 거룩하신 하나님과 함께할 수도 없고, 참된 행복을 누릴 수도 없으며, 스스로 회복할 능력도 없습니다.

d. 자연도 저주를 받았습니다

『하나님이 뱀에게 이르시되 네가 이렇게 하였으니 네가 모든 가축과 들의 모든 짐승보다 더욱 저주를 받아』(창 3:14). 모든 가축과 들짐승도 죄의 영향으로 저주를 받았으며, 뱀은 더욱 심한 저주를 받았습니다. 『땅은 너로 말미암아 저주를 받고, 땅이 네게 가시덤불과 엉겅퀴를 낼 것이라』(창 3:17~18). 풍요로웠던 땅은 인간의 죄로 인해 저주를 받아 하나님의 뜻대로 가꾸는 것이 힘들어졌습니다. '더 많은 땀을 흘려야 겨우 식물을 얻을 수 있는 척박한 세상'이 되었고, 일은 죽음을 가져오는 힘겨운 노동이 되었습니다.[28] 그리하여 세상에 흉년과 가난이 발생합니

---

28) 계할더스 보스 지음, 이승구 옮김,『성경신학』, 기독교문서선교회, 1990, 61.

비전을 찾는 그대에게

다. 또 『피조물이 다 이제까지 함께 탄식하며 함께 고통』(창 8:22)합니다. 영적으로 모든 창조 세계가 죄의 병에 걸려 신음하고 있습니다.

죄의 결과, 인간은 하나님의 꿈을 잃어버렸습니다. 창조의 아름다움은 일그러졌고, 자신이 누구인지, 왜 살아야 하는지, 어디로 가야 하는지를 상실했습니다. 사람들은 서로를 헤치고 세상을 사랑이 아닌 욕망으로 다루게 되었습니다. 그리하여 세상의 모든 영역을 죄가 장악하고 있습니다.

가정은 온 가족이 함께 하나님을 예배하며 복음 신앙을 계승하고 문화 사명을 감당하라고 세우신 사랑공동체입니다. 그런데 죄로 인해 가정에 불신앙이 들어와 믿지 않는 가족이 믿는 가족을 원수처럼 공격하기도 합니다. 서로를 탓하며 불화하고 폭언과 폭행으로 상처를 줍니다. 결혼 서약을 깨고 음행으로 가정을 파괴합니다. 부모와 자녀 간에 권위 질서와 인격적 결속력, 친밀감이 약화되어 갑니다. 현대는 아예 결혼 자체를 기피하거나, 결혼해도 자녀를 낳지 않으려는 경향이 두드러집니다. 이처럼 가정공동체가 깨져 하나님을 섬기지 못하고 세상을 향한 사명도 감당을 못하니, 가정이 고통스러워 탄식합니다.

학교는 진리인 성경에 기초하여 다양한 학문으로 사람을 양육하기 위한 기관입니다. 그런데, 학교가 죄의 영향으로 '하나님은 없으며 세상은 우연히 진화된 것'이라고 거짓을 가르치고 대학을 우상처럼 숭배합니다. 하나님의 영광을 위해 존재하는 학교가 거짓과 우상 숭배(대학이라는 종교)의 장소로 악용당하니, 학교가 괴로워서 끙끙 앓습니다.

직장은 하나님의 뜻대로 변화시키고 가꾸어야 할 문화 사역의 사명지입니다. 그런데 죄가 들어오자 직장 또한 타락하여 뇌물이 판을 치고 이중장부가 난무합니다. 회식이라는 이름 아래 온갖 부정한 일이 자행됩니다. 맘몬(돈)을 신처럼 숭배하여 돈을 벌기 위해서라면 공익이나 법은 안중에도 없습니다. 그리하여 공동체가 무너지고 환경오염의 주범이 됩니다. 하나님의 뜻대로 변화되기는커녕 범죄의 장소가 되니, 직장이 영적으로 아파서 신음합니다.

창조 질서는 '인간-영-자연'입니다(히 1:14; 고전 6:3, 3:22~23). 이 질서는 창조주 하나님께서 세우셨기 때문에 바뀔 수 없습니다. 사람 위에는 하나님밖에 없으므로, 사람은 하나님만 섬겨야 마땅합니다. 오직 하나님께만 순종하면 됩니다. 사람이 사람을 숭배하거나, 천사에게 제사하거나, 귀신에 절하거나, 자연을 섬기는 것은 하나님만 받으셔야 할 경배와 영광을 우상에게 돌리는 가증스런 죄악입니다. 이는 또한 하나님 다음가는 존귀한 존재인 사람으로서 자존심 상하는 일입니다. 그러나 죄로 인해 창조 질서가 깨졌고, 혼란에 빠져 정복하고 다스려야 할 대상을 오히려 섬깁니다. 같은 사람인 부처를 신으로 숭배하고, 제사로 귀신을 섬기며, 탐심으로 돈과 권력을 섬깁니다.

이처럼 선악과는 하나님께서 선한 세상을 유지하기 위해 주신 법인데, 그것을 먹음으로 범죄하여 사람이 죄인이 되었습니다. 하나님과의 관계가 깨져 하나님의 꿈을 상실했습니다. 하나님의 영광을 위해 살아갈 지혜를 잃어 미련해지고, 능력을 상실하여 무능해졌으며, 의지를 잃어 타락했습니다. 그리하여 하나님나라에서 쫓겨나고 세상마저 엉망이 되어 버렸습니다. 모든 사람이 죄와 사망의 법 아래 있으므로 사망이 왕 노릇하는 세상에서(롬 5:21), 하나님과의 관계가 단절된 채 평생 두려움 가운데 범죄하다가(히 2:15) 죽어 영원한 지옥심판을 받아야 하는(히 9:27) 절망적인 존재가 되었습니다.

유혹이 오면?

지금 이 순간에도 사탄은 거짓으로 진리의 말씀을 의심하게 하고, 교만을 부추겨 탐욕의 가시가 돋게 하며, 불만의 독으로 불순종의 엉겅퀴가 맺히도록 끊임없이 유혹합니다. 하나님과 말씀에서 우리를 멀어지게 합니다. 그리하여 우리에게서 하나님의 꿈을 빼앗고, 영생을 누리지 못하게 하며 저주와 죽음에 이르게 합니다. 하나님께서 금지한 것에 자꾸만 관심이 가고, 하나님의 말씀과 사랑이 의심되며, 과도한 욕심이 생긴다면, 당신은 지금 사탄에게 유혹받고 있는 것입니다.

이렇게 사탄이 유혹할 때는,

a. 하나님의 주권을 인정하는 겸손으로 이깁시다

인간은 하나님의 창조물이기에 오직 하나님만 섬기는 것이 마땅합니다. 유혹이 올 때는 하나님의 주권자 되심을 인정하며 겸손히 하나님만을 높이십시오. 하나님의 결정을 나의 뜻으로 기꺼이 받아들이십시오. 사탄은 겸손한 자를 결코 넘어뜨리지 못합니다.

b. 자족하며 감사로 유혹을 물리칩시다

하나님은 인간을 너무나 사랑하셔서 세상에서 가장 탁월한 존재로 지으셨습니다. 세상을 맡기시고 다스릴 수 있는 권한도 주셨습니다. 돕는 아내도 주셨고, 아름다운 신혼집도 만들어 주셨습니다. 생육하고 번성하고 충만하고 정복하라는 복과 능력도 아낌없이 주셨습니다. 선악과 외의 모든 것을 먹도록 풍족하게 주셨습니다. 인간은 다른 어떤 피조물도 받지 못한 하나님의 어마어마한 사랑을 거저 받았습니다. 그러면서 딱 한 가지, 선악과만 먹지 말라고 했습니다. 사탄은 항상 우리가 받지 못한 한 가지를 우리가 받은 10,000가지 은혜보다 더 크게 생각하게 만들어 우리 마음에 불만을 심습니다.

유혹은 내가 받은 은혜를 헤아리고 감사하며, 주어진 현실에 자족할 때 이길 수 있습니다. 하나님께서 베푸신 감사의 제목들을 지금 당장 적어 보십시오. 매일 '감사일기'를 써 보십시오. 사탄이 도망갈 것입니다.

c. 말씀(진리) 신앙으로 승리합시다

왜 사탄은 아담이 아닌 하와를 유혹했을까요?

하나님께서 아담에게 선악과를 먹지 말라고 명령하신(창 2:17) 후에 지음을 받은 하와(창 2:21~22)는 선악과 금지명령을 하나님께 직접 듣지 못했습니다. 그래서 하와는 뱀이 유혹해 올 때 『동산 중앙에 있는 나무의 열매는 하나님의 말씀에 너희는 먹지도 말고 만지지도 말라 너희가 죽을까 하노라』(창 3:3)라고 대답합니다. 하나님은 '반드시 죽는다'고 하셨는데 하와는 '죽을까 하노라'라고 말씀을 약화시켰고, 하나님은 '먹지 말라'고 하셨는데 '먹지도 만지지도 말라'고 하셨다고 덧붙였습니다 (창 2:16~17, 3:3). 『뱀이 그 간계로 하와를 미혹한 것 같이』(고후 11:3), 『아담이 속은 것이 아니고 여자가 속아 죄에 빠졌음이라』(딤전 2:14)에서 『미혹, 속아』를 NIV성경은 『deceived』, 새번역 성경과 현대인의 성경은 『속였다』로 번역했습니다. 하와는 하나님의 말씀에 대한 지식과 '언약신앙'이 약했기 때문에 사탄의 거짓 약속에 속아 범죄한 것입니다. 자신만 범죄한 것이 아니라 남편도 범죄하도록 유혹했습니다.

따라서 유혹을 이기려면 말씀에 대한 바른 지식과 성경 절대신앙을 가져야 합니다. 말씀은 거룩하신 창조주의 명령과 약속이며, 거짓을 분별케 하는 진리이고, 사탄이 무서워하는 성령의 검이기 때문입니다 (요 17:17; 엡 6:17). 성경을 읽고 배워 하나님의 말씀으로 무장합시다. 순종으로 물리칩시다.

d. 죄를 범하면 빨리 회개합시다

유혹을 이기지 못해 죄를 범했을 때는 아담과 하와처럼 하나님을 피하거나 죄를 부정하거나 남 탓하며 핑계하지 말고 빨리 회개해야 합니다. 하나님은 진실된 마음으로 회개하는 죄인을 용서하십니다(요일 1:9).

당신은 유혹이 찾아올 때 어떻게 하겠습니까?

하나님은 인간을 너무나 사랑하셔서 모든 좋은 것들을 아낌없이 주셨습니다. 그러나 인간은 범죄하여 하나님께서 주신 모든 복을 잃고 말았습니다. 죄는 이토록 악하고 무서운 것입니다. 하지만 우리는 죄를 너무 가볍게 여기고, 범죄를 두려워하지 않으며 심지어 죄를 즐기기까지 합니다. 독약은 아무리 적은 양이라도 마시면 죽음에 이르듯, 작은 죄라도 공의로우신 하나님의 진노를 가져옵니다. 죄는 반드시 그 대가를 치릅니다.

그러므로 거룩하신 하나님 앞에서 내가 죄인임을 진심으로 자백합시다. 내가 범한 죄악들을 상세히 자복합시다. 하나님께서 진노의 칼을 거두시도록 겸손히 회개하며 그분의 자비와 긍휼을 구합시다. 죄를 뱀보다 더 혐오스럽게 생각하여 끊어내고, 사탄의 유혹에 대적하기로 결단합시다.

비전을 찾는 그대에게

그렇지 않으면 달콤해 보이는 그 죄가! 가볍게 생각하던 그 죄가! 버리지 않고 은밀하게 즐기는 그 죄가! 씻지 않아 내 영혼을 더럽히는 그 죄가! '악한 습관'으로 뿌리내려 내 생활을 주관할 것입니다. '왜곡된 성품'으로 자라나 모든 관계와 삶을 깨트릴 것입니다. 야망에 빠트려 끝없는 '방황'속으로 이끌 것입니다. '불의한 문화'로 전파되어 사회를 부패시킬 것입니다. 결국 '불신앙'으로 열매 맺어 저주와 하나님의 무서운 심판을 가져올 것입니다.

지금도 사탄은 호시탐탐 거짓으로 유혹하고자 당신을 노리고 있습니다.

사탄의 유혹	죄	죄의 결과	상실한 것	승리 방법
말씀이 약한 자를 거짓으로 교만을 부추기고 탐욕을 일으킴	교만 탐심 불법 반역 언약파기 불신앙	모든 복을 상실 모든 관계 파괴 심판(죽음과 지옥) 모든 사람이 죄인	하나님의 형상 생명 하나님의 꿈 화합 공동체 문화 사명	말씀절대신앙 자족과 겸손 감사신앙 회개

정리 및 나눔

1. 죄는 하나님보다 사탄을 더 신뢰하는 (   ). 하나님의 말씀에
   대한 (   ), 하나님의 법을 어긴 (   ), 하나님의 주권을 부정
   하는 (   ), 하나님과의 약속을 깨트린 언약 (   )이다.
   하나님의 결정에 따르지 않고 자기가 결정하려는 (   )과 자기
   것이 아닌 것을 부정한 방법을 통해 자기 것으로 만들려는 (   )
   이에 의해 범죄하게 된다.

2. 선악과를 먹는 것이 왜 그토록 치명적인 죄였을까?

3. 사탄이 아담이 아닌 여자를 유혹한 것으로 볼 때 어떤 사람을 유
   혹의 주 대상으로 삼는가? 왜 그런가?

4. 죄는 왜 범죄한 자신의 책임인가?

5. 유혹을 받았을 때 잘못된 선택을 했거나 뿌리친 경험, 그리고 그
   로 인해 배운 교훈을 나누라

6. 현재, 또는 자주 당신을 괴롭히는 유혹은 무엇이며, 구체적으로
   어떻게 이겨 내려 노력하고 있는가?

7. 오늘 받은 은혜를 나누고 창세기 2장 17절을 암송하라.

86

5. 꿈의 회복 약속

『내가 너로 여자와 원수가 되게 하고 너의 후손도 여자의 후손과 원수가 되게 하리
니 여자의 후손은 네 머리를 상하게 할 것이요 너는 그의 발꿈치를 상하게 할 것이
니라 하시고』(창 3:15)

죄는 인간을 망가뜨렸고, 인간은 죄로 인해 하나님의 꿈에서 멀어졌
습니다(롬 3:23). 그러나 놀랍게도 하나님은 인간을 포기하지 않으셨
습니다.

범죄한 인간은 노예입니다

『너희 자신을 종으로 내주어 누구에게 순종하든지 그 순종함을 받는 자
의 종이 되는 줄을 너희가 알지 못하느냐』(롬 6:16). 성경은 인간을 '종'이
라고 알려 줍니다. 종은 스스로를 맡기고 자신을 바쳐 복종하는 사람
입니다. 인간은 스스로 복종하는 상대의 노예입니다.

a. 인간은 죄의 노예입니다

『죄가 사망 안에서 왕 노릇 한 것 같이』(롬 5:21), 『너희가 본래 죄의 종

이더니』(롬 6:17). 인간은 스스로 죄에게 자신을 맡기고 자신을 바쳐 복종하는 죄의 종입니다. 죄가 인간 위에 왕처럼 군림하므로 인간은 철저하게 죄의 지배를 받습니다. 인간의 전인격이 죄로 오염되었으므로 인간은 죄에서 벗어날 수 없습니다(렘 17:9). 죄를 짓지 않는 사람은 한 사람도 없습니다(롬 3:23).

b. 죄인은 죽음의 노예입니다

『아담으로부터 모세까지 아담의 범죄와 같은 죄를 짓지 아니한 자들까지도 사망이 왕 노릇 하였나니』(롬 5:14), 『한 사람의 범죄로 말미암아 사망이 그 한 사람을 통하여 왕 노릇 하였은즉』(롬 5:17), 『죽기를 무서워하므로 한평생 매여 종 노릇』(히 2:15), 『한 번 죽는 것은 사람에게 정해진 것이요』(히 9:27). 인류의 대표인 아담의 범죄로 모든 인류가 사망의 노예가 되었습니다. 평생 죽음을 두려워하며 종노릇합니다. 그리고 반드시 죽습니다.

c. 죄인은 사탄의 노예입니다

『그 때에 너희는 공중의 권세 잡은 자를 따랐으니 곧 지금 불순종의 아들들 가운데서 역사하는 영이라』(엡 2:2). 예수님을 주인으로 영접하지 않은 사람은 모두 본인이 알든 모르든, 인정하든 부정하든 사탄을 따르며 살아갑니다. 영적으로는 하나님을 섬기든지, 사탄을 섬기든지 둘 중 하나밖에는 없기 때문입니다.

비전을 찾는 그대에게

이렇게 범죄한 인간의 실존은 죄의 종, 죽음의 노예, 사탄의 하수인이 되어 하나님을 떠나 평생 방황하고 범죄하며 저주받은 삶을 살다 죽어 영원한 지옥형벌을 받아야 할 절망적인 존재입니다. 인간 스스로는 이 굴레에서 벗어날 수 없습니다. 육체가 죽으면 영혼과 육체가 함께 죄의 형벌을 받는 영원한 지옥이 기다리고 있으므로 죄인인 인간은 살아도 죽어도 희망이 없습니다.

그렇다면 인간을 향한 하나님의 계획이 실패한 것일까요? 죄 때문에 세상과 역사를 향하신 하나님의 꿈이 사라진 것일까요? 죄인에게는 소망이 없는 것일까요?

우리가 비전을 찾으려면 먼저 하나님께서 본래 우리에게 주셨던 하나님의 형상을 회복하고 하나님의 꿈을 되찾아야 합니다. 하나님과의 관계를 회복하여 하나님을 섬기는 예배의 자리로 돌아와야 합니다. 창조 세계를 다스리는 문화 사역자로의 능력을 되찾아야 합니다. 죽음이 아니라 생명이 왕 노릇하는 새로운 피조물이 되어야 합니다. 죄인인 인간에게는 회복이 절실합니다.

하나님은 어떻게 우리를 회복시키실까요?

하나님께서 먼저 찾아오셨습니다

『여호와 하나님이 아담을 부르시며 그에게 이르시되 네가 어디 있느냐?』

(창 3:9). 인간은 범죄하여 하나님을 떠났지만, 놀랍게도 인간에게 배신당한 하나님께서 먼저 찾아오셨습니다. 죄인은 스스로 하나님을 찾을 수 없습니다. 죄로 인해 본성이 타락하고 전인격이 부패했기 때문입니다. 죄인이 하나님을 만날 수 있는 궁극적인 원인은 하나님께서 먼저 찾아오시는 것입니다.

죄인을 먼저 찾아오신 하나님께서 무엇이라 말씀하십니까?

구원자를 약속하셨습니다

『내가 너로 여자와 원수가 되게 하고 네 후손도 여자의 후손과 원수가 되게 하리니 여자의 후손은 네 머리를 상하게 할 것[29]이요 너는 그의 발꿈치를 상하게 할 것이니라』(창 3:15). 죄인을 찾아오신 하나님은 여자의 후손이 뱀과 싸워 이길 것이라고 약속하셨습니다. 사탄에게서 구원해 줄 구원자를 약속하신 것입니다. 하나님은 회복의 하나님, 구원의 하나님이십니다. 하나님께서 약속하신 구원자는 여자의 후손으로 태어날 사람입니다. 구원자는 인류를 대표해 사탄과 싸워서 발꿈치를 상할 것이지만 사탄의 머리를 깨트려 이길 것입니다.

또 하나님은 『아담과 그의 아내를 위하여 가죽옷을 지어 입』혀 주셨습니다(창 3:21). 가죽옷을 만들려면 누군가 죽었어야 합니다. 이는 죄인의 죄를 가려 주기 위해 누군가 '대신 죽을 것'을 의미합니다.

---

29) "뱀은 여자의 후손이 그의 머리를 상하게 할 수 있도록 기어다니는 저주를 받는다." 위의 책, 58.

비전을 찾는 그대에게

구원자는 여자의 몸을 통해 태어날 '사람'입니다(여자의 후손). 죄인을 '대신'해 발꿈치를 상하게 될 것입니다(대속적 죽음, 가죽옷). 구원자가 죽어 죄인의 수치(죄와 죽음)를 '가려' 줄 것입니다(죄 사함과 영생). 구원자는 뱀(사탄)의 머리(사망)를 깨트리고 '이기실' 것입니다(부활). 그러니까 죄인의 구원자는 인간이며 구원의 방법은 인간을 대신해 죽고 부활하는 것입니다. 오직 그 구원자를 통해서만 죄인은 죄와 죽음과 사탄과 지옥심판에서 구원받아 죄용서와 영원한 생명을 얻을 것입니다. 그리고 죄인 구원은 『내가 … 하고 … 하리니』(창 3:15)라는 약속처럼 철저히 하나님께서 하십니다. 하나님의 주권적인 은혜입니다.

자기가 범한 죄로 인해 하나님께 다가갈 수 없는 죄인에게는 하나님께서 먼저 찾아오시는 은혜가 필요합니다. 전적으로 부패한 죄인에게는 죄를 가려 줄 구원자가 필요합니다. 자신을 구원하기에 무능하며 죄책감과 심판 아래 있는 죄인에게는 자신을 대신해 죽어 줄 구속주가 필요합니다. 죽음의 공포 아래 있는 죄인에게는 죽음을 죽여 평강과 영원한 생명을 제공할 부활의 승리자가 필요합니다. 공중 권세를 잡은 사탄의 종이 된 죄인에게는 사탄을 이겨서 자유케 해 주실 만왕의 왕이 필요합니다(요일 3:8). 하나님과의 관계를 회복시켜 하나님 앞에 나아가는 새롭고 산길을 열어 주실 화목주가 필요합니다(요 14:6; 롬 5:10; 히 10:20).

그런데, 긍휼에 풍성하신 하나님께서 인간을 회복시키고자 언약을 주셨습니다. 하나님의 약속으로 인류에게 희망이 생겼습니다. 약속하신 구원자로 인해 죄인에게 소망이 생겼습니다. 그 후 인류의 역사는 구원자를 기다리는 대망의 역사입니다. '너를 위해 구원자를 보내겠다!'라는 소식이 복음입니다.

우리를 죄에서 구원해 줄 여자의 후손은 과연 누구일까요?

약속된 메시아는 예수 그리스도이십니다

신약성경의 첫 페이지인 마태복음 1장 18~25절은 남자의 씨가 아닌 '성령으로 잉태되신 예수님이 구약성경에 약속한 여자의 후손'이라고 밝혀 줍니다.

또 마태복음 1장 1절은 여자의 후손이신 예수님이 『아브라함과 다윗의 자손 예수 그리스도』라고 소개합니다. 헬라어 '그리스도'는 히브리어로 '메시아'인데 문자적으로는 '기름 부음 받은 자'라는 뜻입니다. 기름 부음을 받는 것은 하나님께서 특별한 사명을 위해 부르시고 직분자로 세우는 것입니다. 구약성경에서 기름 부음을 받는 직분은 선지자, 왕, 제사장입니다. 따라서 예수님을 그리스도라고 하는 것은 예수님께서 선지자, 왕, 제사장의 사역을 하실 것을 의미합니다.[30] 이스라엘은 앗수르와 바벨론, 페르시아, 헬라 그리고 로마제국에 계속 억압과 착취

---

30) 박해경, 앞의 책, 68.

를 당하면서 선지자와 왕과 제사장을 통합한 강력한 구원자(메시아)를 대망하게 됩니다. 하나님께서 구약성경에 약속하시고 이스라엘이 간절히 대망하던 메시아가 바로 예수님입니다. 그래서 예수님은 친히 『이 성경이 곧 내게 대하여 증언하는 것이니라』(요 5:39), 베드로도 『너희가 십자가에 못 박은 이 예수를 하나님이 주와 그리스도가 되게 하셨느니라』(행 2:36), 바울도 『내가 너희에게 전하는 이 예수가 곧 그리스도라』(행 17:3), 아볼로도 『성경으로써 예수는 그리스도라고 증언』(행 18:28)했던 것입니다. 예수님은 구약시대에 기름 부음을 받았던 선지자와 왕 그리고 제사장 사역을 완성하신 참선지자이시며(눅 7:16), 참왕이시고(마 1:21), 완전한 제사장이십니다(히 4:15, 10:10~14).

기름 부음을 받은 자		구원자	=	예수
메시아　=　그리스도　=				
히브리어	헬라어	한글		성취

　마태복음 1장 1절은 예수님이 그리스도(메시아, 구원자)이신 증거가 아브라함의 자손이고 다윗의 자손이라고 말합니다. 그것을 풀어쓰면 '하나님께서 구약에 약속하신 메시아(구원자)는 아브라함의 자손이면서 동시에 다윗의 자손이신 예수님이다'가 됩니다.

　예수님이 메시아라는 증거로 왜 아브라함과 다윗의 자손이라고 말할까요?

하나님께서 메시아를 아브라함과 다윗의 자손으로 보내겠다고 약속하셨기 때문입니다. 하나님은 아브라함에게 『네 이름을 창대하게 하리니』(창 12:2)라고 약속하셨고, 그 방법으로 『땅의 모든 족속이 너로 말미암아 복을 얻을 것이라』(창 12:3, 18:18)고 하셨습니다. 구체적으로는 『네 씨로 말미암아 천하 만민이 복을 받으리니』(창 22:18)라고 말씀하셨습니다. 이 약속은 아브라함의 자손으로 태어날 메시아를 통해 인류가 구원의 복을 받을 수 있게 될 것이라는 의미입니다. 아브라함의 이름이 창대해진다는 것은 아브라함이 메시아의 조상이 된다는 뜻입니다.

아브라함에게 약속하신 씨가 누구입니까?

『이 약속들은 아브라함과 그 자손에게 말씀하신 것인데 … 오직 한 사람을 가리켜 네 자손이라 하셨으니 곧 그리스도라』(갈 3:16). 이 씨는 예수 그리스도이십니다.

하나님은 다윗에게 『네 이름을 위대하게 만들어 주리라』(삼하 7:9)라고 약속하셨습니다. 그 방법은 『네 몸에서 날 네 씨를 네 뒤에 세워 그의 나라를 견고하게 하리라』(삼하 7:12). 다윗의 자손이 계속 왕이 되고 강력한 나라가 될 것입니다. 『그는 내 이름을 위하여 집을 건축할 것이요 나는 그의 나라 왕위를 영원히 견고하게 하리라』(삼하 7:13). 다윗의 자손은 하나님의 집을 건축할 것이고 하나님은 다윗 왕조를 세우셔서 그의 자손의 왕위를 영원토록 견고하게 하실 것입니다. 『나는 그에게 아버지가 되고 그는 내게 아들이 되리니』(삼하 7:14). 하나님은 다윗 자손의 아버지가 될 것이며, 다윗의 자손은 하나님의 아들이 될 것입니다.

비전을 찾는 그대에게

다윗의 아들 솔로몬이 하나님의 집인 성전을 건축했고 이스라엘 역사상 가장 넓은 영토가 되므로 이 약속의 1차 성취자입니다. 하지만 솔로몬의 왕위가 영원하지는 않았습니다. 그러므로 이 약속의 궁극적인 성취자는 솔로몬이 아닙니다. 그래서 신약성경의 복음서에 사람들이 예수님을 향해 『다윗의 자손이 아니냐?』(마 12:23)라는 말을 한 것입니다. 유대인들은 '다윗의 후손'을 기다리고 있다는 뜻입니다.

사무엘하 7장에서 약속하신 다윗의 자손이 누구입니까?

다윗의 그 자손은 하나님의 아들이 될 것입니다. 하나님의 아들은 예수님이십니다(마 16:16).

다윗의 그 자손은 하나님의 집, 성전을 건축할 것입니다. 『**예수께서 대답하여 이르시되 너희가 이 성전을 헐라 내가 사흘 동안에 일으키리라 예수는 성전된 자기 육체를 가리켜 말씀하신 것이라**』(요 2:19, 21). 여기서 성전은 돌로 만든 성전이 아니라 예수님의 육체를 의미합니다. 『**너희가 이 성전을 헐라**』. 유대인들이 예수님의 육체를 죽일 것입니다. 『**내가 사흘 동안에 일으키리라**』. 예수님은 3일 만에 부활하실 것입니다. 예수님은 죽으시고 부활하심을 통해 참성전을 건축할 것이라는 의미입니다. 옛 성전은 돌 성전입니다. 짐승의 제사를 통해 죄를 용서받는 곳이며, 지성소에는 들어갈 수 없었습니다. 하지만 새 성전은 예수님의 죽으심과 부활로 만든 참성전입니다. 예수님을 통해 죄를 용서받는 곳이며 누구든지 하나님 앞에 나아갈 수 있습니다(히 10:19, 20).

다윗의 그 자손의 왕위와 그의 나라는 영원할 것입니다. 그래서 『**주 예수께서 하나님 우편에 앉으시니라**』(막 16:19; 벧전 3:22), 『**구주 예수**

그리스도의 영원한 나라』(벧후 1:11; 계 20:6)라고 했습니다.

이처럼 여자의 후손은 아브라함의 자손으로 올 것이며, 아브라함의 자손 중에서도 다윗의 자손으로 태어나 죽으시고 부활하셔서 죄인을 구원하실 것입니다.

마태복음 1장은 예수님이 구약성경에서 약속한 '여자의 후손'(마 1:18~25)이며, '아브라함의 자손'이고, '다윗의 후손'인 그리스도(메시아)라고 밝혀 주고 있습니다(마 1:1). 그래서 예수님을 만난 자들은 『우리가 메시아를 만났다』(요 1:41, 45)라고 했던 것입니다.

메시아언약 성취를 확신하고 메시아를 대망하며 삽시다

하나님께서 인류를 죄에서 회복하시는 방법이 무엇입니까?

약속하신 메시아를 통해서입니다. 하나님은 구원자를 보내 우리를 죄와 죽음과 사탄에서 구원하실 것입니다. 그렇다면 역사의 방향과 목적은 메시아가 오는 것입니다. 교회는 오실 메시아를 고대하며 살 것이고, 사탄은 메시아가 오지 못하도록 방해할 것입니다. 요한계시록 12장은 이러한 영적 전투를 생생하게 보여줍니다.

『해를 옷 입은 한 여자』(계 12:1)는 '구약교회'입니다. 『이 여자가 아이를 배어』(계 12:2)는 임신한 모습인데 여자의 후손, 즉 '메시아언약을 믿고 계승하는 구약성도들의 신앙'을 상징합니다. 『아파서 애를 쓰며 부르짖더라』(계 12:2)는 메시아 신앙을 지키고 계승하기 위해 '구약교회가 당한 고난'을 표현한 것입니다. 『한 큰 붉은 용』(계 12:3)은 『옛 뱀, 마귀, 사탄, 온 천하를 꾀는 자』(계 12:9)로 모두 '사탄'의 다른 이름입니다. 『용이 여자 앞에서 그가 해산하면 그 아이를 삼키고자 하더니』(계 12:4)는 사탄이 메시아, 즉 여자의 후손이 태어나면 죽이려고 벼르는 위협적인 모습입니다. 이는 신약에서 헤롯이 아기 예수님을 죽이기 위해 2살 아래의 유아들을 전부 죽이는 사건으로 성취됩니다(마 2:16).

성경은 단순히 이스라엘의 역사서가 아니라 죄인 구원을 위한 하나님의 역사서입니다. 역사는 죄인을 구원하려는 하나님의 구속역사입니다. 하나님께서 여자의 후손을 통해 인류를 사탄에게서 구원하겠다고 약속하셨습니다(창 3:15). 따라서 구약교회 성도들은 메시아 약속을 믿고, 메시아가 오시기를 고대하며 자녀를 낳았으며, 메시아 신앙을 자녀들에게 계승했습니다(삼상 2:1~10; 눅 1:46~55). 반면 사탄은 메시아가 태어나지 못하도록, 메시아 약속을 믿지 못하도록, 그리고 메시아 신앙을 변질시키기 위해 이스라엘을 가나안 우상종교와 혼합시키고 이방문화로 세속화시키며 이방나라를 통해 침략하고 박해했습니다. 이렇게 역사는 사탄과의 영적전투장입니다. 사탄에게 박해를 받아서 요한계시록 12장의 구약교회가 아파서 애써 부르짖은 것입니다.

그러나 아무리 사탄이 방해해도 하나님은 약속하신 대로 여자의 후손으로 메시아를 보내셨습니다. 『여자가 아이를 낳으니』(계 12:5). 이 아이가 아브라함과 다윗의 자손으로 태어나신 예수님이십니다(마 1:1). 사탄이 아무리 발악해도 하나님은 약속을 반드시 이루십니다. 아무리 사탄이 반대해도 하나님은 자기 백성을 구원하십니다. 아무리 사탄이 훼방해도 하나님의 백성은 메시아 언약신앙으로 삽니다. 사탄이 아무리 핍박해도 예수님을 믿고 그 약속을 전하며 신앙을 계승하는 것이 승리하는 것입니다(계 12:11). 그러한 승리자들이 교회입니다(계 14:12, 17:14).

하나님께서 당신을 찾아오셨습니까?

하나님은 예수님을 통해 우리를 찾아오셔서 구원하십니다. 구원받은 사람은 하나님의 꿈이 회복되어 하나님의 영광을 위해 살아갑니다. 따라서 우리가 비전을 찾기 위해 할 일은 설교자와 전도자가 증거하는 십자가 부활의 복음으로 우리에게 다가오신 예수님을 믿는 것입니다.

회복은 약속에서 시작됩니다. 그 약속을 믿는 이의 삶에 하나님의 꿈은 다시 숨을 쉽니다. 구약성경의 약속대로 메시아 예수님을 보내신 하나님은 신약 백성인 우리에게 예수님을 다시 보내시겠다고 약속하셨습니다. 그리고 예수님이 다시 오시면 우리를 새 하늘과 새 땅으로 데려가서 영원한 생명을 누리게 하겠다고 약속하셨습니다(계 21~22장). 하나님은 구약을 지키셨으니 신약도 지키실 것입니다. 이처럼 언약은 단지 과거의 말씀이 아니라 나를 향한 하나님의 확실한 의지이며 지금도 유효합니다.

비전을 찾는 그대에게

하지만 구약시대에 메시아 신앙을 가진 구약교회를 핍박했던 사탄은 예수 신앙을 가진 신약교회도 박해할 것입니다(계 12:13~13장). 우리가 예수님에 관한 모든 성경의 약속, 특히 예수님이 다시 오실 것을 믿지 못하도록, 자녀들에게 신앙을 계승하지 못하도록, 이웃에게 복음을 전파하지 못하도록, 하나님의 백성답게 살지 못하도록 박해하고 세속화로 우리의 신앙을 변질시키려 들 것입니다.

그러니 구약교회 성도들처럼 우리는 죽으시고 부활하신 예수님을 믿고, 성경의 약속대로 다시 오실 예수님을 대망하며 자녀와 이웃에게 복음을 전파하여 하나님의 백성다운 선한 삶으로 사탄과의 영적 전투에서 승리합시다. 『세상을 이기는 승리는 이것이니 우리의 믿음이니라』 (요일 5:4).

인간의 실존	메시아 약속	의미	믿음
죄의 종 죽음의 종 사탄의 종 지옥	여자의 후손 가죽옷 아브라함의 자손 다윗의 자손	죄에서 구원 죽음에서 구원 사탄에게서 구원 지옥심판에서 구원	메시아 약속을 신뢰 메시아의 오심을 대망 메시아 약속을 자녀에게 계승 이웃에게 전파

정리 및 나눔

1. 범죄한 인간의 실존을 실감한 경험과 그로인해 깨달은 것을 나누라

2. 창세기 3장 15절이 왜 '복음'인가? 거기에 담긴 구원의 핵심메시지
   는 무엇인가?

3. 예수님이 여자의 후손, 아브라함의 자손, 다윗의 자손으로 오셨다
   는 사실이 왜 중요한가?

4. 신약시대인 우리에게 하나님께서 주신 메시아언약은 무엇인가?
   그것이 내 신앙에 어떤 영향을 미치는가?

5. 사탄은 오늘날 어떤 방식으로 우리의 신앙을 흔들려고 하는가? 사
   탄과의 영적 전투에서 승리하기 위해 어떻게 살겠는가?

6. 하나님께서 나를 찾아오신 경험과 그로 인한 변화를 나누라.

7. 오늘 받은 은혜를 나누고 마태복음 1장 1절을 암송하라.

비전을 찾는 그대에게

3부

예수님이
다시 꾸신 꿈

6. 꿈을 이루신 예수님

『때가 차매 하나님이 그 아들을 보내사 여자에게서 나게 하시고 율법 아래에 나게 하신 것은 율법 아래에 있는 자들을 속량하시고 우리로 아들의 명분을 얻게 하려 하심이라』(갈 4:4~5)

『이 복음은 … 우리 주 예수 그리스도시니라』(롬 1:2~4)

하나님은 범죄한 인간에게 구원자를 약속하시고 때가 되매 세상에 보내셨습니다. 여자의 후손이 바로 예수님이십니다. 우리를 구원하러 오신 예수님은 꿈이 있습니다.

복음을 완성하는 것입니다

예수님은 우리를 구원하시기 위해,

a. 하나님의 아들이 사람이 되셨습니다

『태초에 말씀이 계시니라 이 말씀이 하나님과 함께 계셨으니 이 말씀은 곧 하나님이시니라』(요 1:1~2). 예수님은 영원 전부터 하나님과 함께 계셔 온 '말씀하나님'이십니다.

『말씀이 육신이 되어 우리 가운데 거하시매 우리가 그의 영광을 보니 아

비전을 찾는 그대에게

버지의 독생자의 영광이요』(요 1:14). 하나님의 독생하신 아들이 인간이 되셨습니다.

『네가 잉태하여 아들을 낳으리니 그 이름을 예수라 하라. 성령이 네게 임하시고 지극히 높으신 이의 능력이 너를 덮으시리니 이러므로 나실 바 거룩한 이는 하나님의 아들이라 일컬어지리라』(눅 1:31, 35; 마 1:18). 모든 인간은 아버지의 씨에 의해 잉태되지만, 하나님의 아들 예수님은 거룩하신 성령으로 잉태되셨습니다(마 1:18). 『우리에게 큰 대제사장이 계시니 … 곧 예수시라 … 죄는 없으시니라』(히 4:14~15). 성령으로 잉태되신 예수님은 죄가 없으십니다. 죄를 알지도 못하십니다(고후 5:21).

창조주께서 피조물이 되신 것은, 사람이 화장실의 구더기가 되는 것보다 더 비천해지는 일입니다. 그러나 하나님의 아들이신 예수님은 우리를 구원하기 위해 기꺼이 하늘의 보좌를 버리고 인간이 되셨습니다. 예수님은 겸손의 왕이십니다.

인간이신 예수님이 왜 우리의 복음이십니까?

죄인을 구원하기 위해 인간이 되신 하나님의 아들이시기 때문입니다(딤전 1:15).

예수님은 복음을 완성하시기 위해서,

b. 죄인들을 대신해! 죽으셨습니다

하나님의 아들이 왜 인간이 되셨습니까? 세례 요한은 예수님을 『세상 죄를 지고 가는 하나님의 어린 양』(요 1:29)이라고 증언했습니다. 하나님의 아들이 인간이 되신 목적은 '죄인을 대신해 죽으시기 위해서'입니다. 인간이 하나님의 꿈을 회복하려면 먼저 죄 문제가 해결되어야 하기 때문입니다. 그런데 『죄의 삯은 사망』(롬 6:23)이고 『피 흘림이 없은 즉 사함이 없』(히 9:22)으므로 죄는 반드시 죽음으로만 없앨 수 있습니다. 그렇다면 사람은 자기 죄로 죽어야 합니다. 그러나 그렇게 되면 아무도 구원받지 못할 것입니다. 모든 사람이 죄인이므로 모든 사람이 죽어야 하기 때문입니다. 그래서 하나님께서 죄를 없앨 수 있는 특별한 통로로 제사를 허락해 주셨습니다.

대속 제사는 하나님께 제물을 바쳐 제물의 죽음으로 죄를 용서받고 하나님과 화목관계를 회복하는 의식입니다. 마치 죽어서 가죽옷이 되어 죄인의 부끄러움을 가려 주었던 짐승처럼, 짐승이 사람의 죄를 지고 대신 죽는(대속 제물) 것입니다.

거룩하신 하나님께 드려지기 때문에 제물이 될 짐승은 점 없고 흠 없는 최상의 것이어야 했습니다.

제사 방식은 자기를 대신해서 죽을 짐승을 데리고 제사장에게로 갑니다. 짐승의 머리에 자기 손을 대면(안수) 자신의 죄가 짐승에게로 옮겨(전가)집니다(레 1:4). 이제는 짐승이 범죄자가 된 것입니다. 죄의 삯은 사망이므로 짐승을 죽이고 그 몸을 조각내면, 제사장이 제물의 피는 제단에 바르고 쏟으며 기름은 불에 태워 하나님께 바칩니다(레 1:11~13). 하

비전을 찾는 그대에게

나님은 그 제물의 죽음을 보고 죄인인 사람을 용서하십니다(레 4:32~35).

하나님은 매년 7월 10일에 모든 이스라엘의 죄를 용서해 주는 '속죄일'을 허락하셨습니다(레 16:30). 이날만 대제사장이 지성소에 들어갈 수 있었습니다(레 16:17). 그곳에서 제물의 피를 하나님께 드림으로 죄 사함이 이루어집니다.

그러나 하나님의 형상인 사람의 죄를 사람보다 가치 없는 짐승으로 없애기에는 부족했습니다. 제사장도 죄인이므로 먼저 『아론(대제사장)이 성소에 들어오려면 수송아지를 속죄제물로 삼고 숫양을 번제물로 삼고』(레 16:3) 자신의 죄를 용서받기 위해 제물을 바친 후에 다른 사람의 죄 사함을 위한 제사를 수종 들 수 있었습니다. 지성소는 하나님께서 임재하시는 지극히 거룩한 곳이므로 죄인이 들어가면 즉사했기 때문입니다(레 16:2). 제단도 제물의 피로 정결하게 씻어야 했습니다(레 16:5).

이처럼 짐승 제물은 죄를 영원히 속하지 못했습니다. 인간 제사장은 완전한 제사를 집행할 수 없었습니다. 땅의 제단은 거룩한 제사를 감당하기에 불가능했습니다. 그래서 『제사장마다 매일 서서 섬기며 자주 같은 제사를 드리되』(히 10:11). 구약의 제사는 불완전했으므로 완전한 죄 사함을 받을 수 없어 매년 반복해야 했습니다(히 10:1). 구약의 제사는 죄의 대가를 치르는 임시적인 방법이었기 때문입니다.

모든 사람이 죄인입니다(롬 3:23). 그렇다면 모든 인류의 죗값을 대신할 거룩한 제물이 있어야 합니다. 죄인인 우리가 하나님과 화목할 수 있도록 모든 인류의 모든 죄를 없앨 완전한 제사를 집행할 만한 큰 대제사장이 있어야 합니다(히 4:14). 그러한 제사를 감당할 만한 영원한 제단이 있어야 합니다. 그러한 완전한 제물, 완전한 제단, 완전한 제사장은 세상에는 없습니다. 모든 인간과 창조 세계가 죄로 인해 부패했기 때문입니다. 그래서 하나님은 죄가 없는 하나님의 아들을 인간으로 보내셨습니다.

예수님은 죄인의 죄를 영원히 없애주신 완전한 제물이십니다. 죄가 없으신 예수님은 『세상 죄를 지고 죽으셔서 자기 피로 영원한 속죄를 이루』(히 4:15, 9:12, 10:5; 요 1:29)셨습니다. 십자가에서 흘리신 예수님의 보혈은 과거와 현재와 미래를 포함하여 모든 사람의 모든 죄를 영원히 씻을 수 있습니다. 언제든지 예수님의 십자가 보혈을 의지하고 회개하면 하나님은 어떤 죄인도 다 용서하십니다.

예수님은 죄인을 하나님과 화목하게 하시는 완전한 대제사장이십니다(히 6:20). 대제사장이신 예수님은 짐승의 피가 아니라 자신이 십자가에서 쏟으신 거룩한 보혈로 지성소에 들어가셨습니다. '우리의 죗값을 치르신 유일한 대제사장'[31]으로서 『단번에 성소에 들어가셨』(히 9:12)으므로 예수님의 보혈을 의지하는 자는 누구든지 하나님과 화목하게 되어 언제든지 하나님께 나아갈 수 있습니다(고후 5:18).

---

31) 장수민, 『칼빈의 기독교강요 완전 분석』, 세움북스, 2017, 465.

예수님이 제물 되어 죽으신 십자가는 완전한 제단입니다. 예수님은 십자가의 제단에서 자신을 제사로 드려 죄를 없애셨습니다(요 19:30; 히 9:26). 십자가의 제사를 받으신 하나님은 『그들의 죄와 그들의 불법을 내가 다시 기억하지 아니하리라』(히 10:17)라고 약속하셨습니다.

이처럼 예수님은 십자가에서 『다 이루었다』(요 19:30)[32]라고 선언하심으로써 죄인 구속을 완성하셨습니다. 십자가의 제사에 만족하신 하나님은 하나님과 죄인 사이를 막고 있던 휘장을 위에서부터 아래로 친히 찢으셨습니다(마 27:51). 그러므로 이제는 누구든지 예수님을 통해 하나님께 직접 나아갈 수 있습니다. 그래서 『예수 그리스도의 몸을 단번에 드리심으로 말미암아 우리가 거룩함을 얻었노라 … 오직 그리스도는 죄를 위하여 한 영원한 제사를 드리시고 … 그가 거룩하게 된 자들을 한 번의 제사로 영원히 온전하게 하셨느니라. 우리가 예수의 피를 힘입어 성소에 들어갈 담력을 얻었나니 그 길은 우리를 위하여 … 새로운 살 길이요. 휘장은 곧 그의 육체니라』(히 10:10, 12~14, 19~20)라고 했습니다.

구약 제사와 예수님의 관계		
	구약 제사	예수님
성소	성막, 돌 성전	예수님의 육체
제물	짐승	예수님의 몸
제사장	죄인인 인간	거룩하신 하나님의 아들

---

32) "그리스도의 순종은 모든 언약의 완성이다." 송영재, 앞의 책, 138.
"율법의 저주는 죽음으로, 율법의 요구는 삶으로 순종하셨다." 위의 책, 259.

제단	번제단	십자가
효력	불완전, 반복	단번에 영원하고 완전
관계	그림자/예표	실체/완성

십자가에서 죽으신 예수님이 왜 우리의 구원자이십니까?

우리를 대신하여 죽으심으로 『**십자가에 못 박은 이 예수를 하나님이 주와 그리스도가 되게 하셨**』(행 2:36)기 때문입니다.

예수님은 복음을 완성하시기 위해서,

c. 죽음과 사탄을 이기시고 부활하셨습니다

성경에서 죽었다가 살아난 사람들은 모두 자기 죄로 죽었으나 하나님의 은혜로 살아났다가 다시 죽었습니다. 하지만 예수님은 죄가 없으셨으나 자기 백성의 죄를 지고 '대신' 죽으셨다가(히 4:15; 마 1:21; 요 1:29), '스스로의 능력으로' 살아나셨습니다(요 10:18). [33] 『**이는 그리스도께서 죽은 자 가운데서 살아나셨으매 다시 죽지 아니하시고 사망이 다시 그를 주장하지 못할 줄을 앎이로라**』(롬 6:9). 부활하신 예수님은 다시 죽지 않으시고 영원히 살아계십니다(계 1:18).

---

33) 성경의 다른 곳에서는 하나님께서 살리셨다고 표현한다(행 2:32, 참조. 행 2:24, 3:15, 4:10, 5:30, 10:40, 13:30; 고전 6:14, 15:15; 롬 10:9; 갈 1:1; 벧전 1:21). 그렇다고 예수님께서 죽음을 이기고 살아나실 능력 자체가 없는 것이 아니다. 단지 예수님께서 하나님께 자신을 맡기고 순종하신 것을 강조하는 표현이다. 예수님은 모든 인류를 대신해 죽으셨으니 하나님께서 살리셔야 예수님의 십자가의 죽음을 하나님께서 승인하신 것이 되어 모든 의를 이루게 된다.

예수님의 부활과 우리의 구원이 어떤 관계입니까?

인간은 죄로 말미암아 죄와 죽음과 사탄의 노예가 되었습니다. 구원은 이러한 세력에서 해방되는 것입니다. 인류에게 영생을 주시려면 예수님께서 죽음과 사탄을 이기셔야 합니다. 만약 예수님이 십자가에서의 죽으심으로 끝난다면 복음은 미완성이고 우리의 믿음은 헛것이 될 것입니다(고전 15:14).

『죽음을 통하여 죽음의 세력을 잡은 자 곧 마귀를 멸하시며』(히 2:14). 예수님은 사망의 세력을 잡은 마귀를 멸하기 위해 죽으셨습니다(요일 3:8). 마치 호랑이를 잡기 위해 호랑이 굴에 들어가신 것과도 같습니다. 그러나 죽음에 갇혀 있지 않으시고 3일 만에 부활하심으로 사탄의 머리인 사망을 깨트리고 이기셨습니다(창 3:15). 따라서 예수님의 부활은 죽음을 죽이신 사건이고 죽음의 세력을 잡은 마귀를 이기신 승리입니다. 그래서 『또 죽기를 무서워하므로 한평생 매여 종노릇하는 모든 자들을 놓아 주려 하심이니』(히 2:15). 예수님은 부활하심으로 죽음과 사탄에 종노릇하던 인류를 해방시키셨습니다. 예수님께서 호랑이를 잡으셨으므로(요일 3:8) 예수님을 믿는 성도는 호랑이를 무서워할 필요가 없습니다.

이렇게 예수님은 십자가에서 죽으시고 부활하심으로 인류를 죄와 죽음과 사탄에서 해방시켜 창세기 3장 15절에 예언된 인류구원을 성취하셨습니다.

부활하신 예수님이 왜 우리의 구원자이십니까?

『그(예수님)를 죽은 자 가운데서 다시 살리신 것으로 모든 사람에게 믿을 만한 증거를 주셨』기(행 17:31) 때문입니다.

d. 예수님만이 복음이십니다

복음은 복된 소식입니다. 죄인에게 가장 복된 소식은 죄와 사망과 사탄에게서 구원받는 것입니다. 죄인을 『구원하는 하나님의 능력』(롬 1:16)을 '복음'이라고 합니다. 복음으로만 하나님은 죄인을 구원하십니다. 하나님은 누군가를 구원하실 때 반드시 복음을 듣게 하십니다.

『이 복음은 … 주 예수 그리스도시니라』(롬 1:2~4). 복음은 예수님 자신입니다. 다른 복음은 없습니다(갈 1:7). 예수님만이 죄인을 구원하시는 하나님의 능력이며 우리의 구원자이십니다. 우리는 과거 예수님께서 이루신 구속 위에 새 삶을 시작할 수 있습니다.

구원받으려면 어떻게 해야 할까요?

은혜로, 믿음으로 구원받습니다

『너희는 그 은혜에 의하여 믿음으로 말미암아 구원을 받았으니 이것은 너희에게서 난 것이 아니요 하나님의 선물이라』(엡 2:8). 구원은 오직 은혜로 주시는 선물입니다. 그런데 은혜받은 사람은 예수님이 믿어집니

비전을 찾는 그대에게

다. 따라서 구원은 예수 그리스도를 믿음으로만 받을 수 있는 하나님의 선물입니다.

구원을 얻는 믿음이 되려면,

a. 죄를 회개하십시오

- 자신의 존재 자체가 하나님을 떠나 전적 타락했음을 인정하고 하나님 앞에서 죄인임을 자백하십시오.
- 자신이 범한 죄악들(자범죄)을 기억나는 대로 자복하며 죄를 끊으십시오.
- 죄의 대가는 죽음과 저주임을 기억하고 하나님의 긍휼하심을 간청하십시오. 겸손하고도 절박한 심정으로 구원해 주시기를 간구하십시오.

당신은 자신이 하나님 앞에서 죄인임을 인정하고 범한 죄악을 자백하며 죄와 끊을 것을 결단했습니까? 이 모든 죄와 죄의 결과로부터 구원해 주시기를 하나님께 간구했습니까?

b. 예수님을 구원자로 고백하십시오

- 나를 죄와 죄의 결과에서 구원하실 분은 오직 예수님뿐임을 신뢰

하십시오.
- 구원을 위해서 오직 예수님만 의지하십시오.
- 『사람이 마음으로 믿어 의에 이르고 입으로 시인하여 구원에 이르느니라』(롬 10:10). 자신의 죄인 됨과 예수님의 구원자 되심을 진실된 마음으로 믿고 진실된 입술로 사람들 앞에서도 고백하십시오.

c. 예수님을 주로 영접하고 삶을 드려 순종하십시오

『영접하는 자 곧 그 이름을 믿는 자들에게는 하나님의 자녀가 되는 권세를 주셨으니』(요 1:12). 예수님을 내 삶의 구주로 모셔 들이십시오. 예수님을 주로 영접한다는 것은 내 삶의 주인을 자신에서 예수님으로 바꾸는 것입니다. '예수님에게 내 삶의 모든 결정권을 드리는 것'입니다. 범죄하기 전의 아담처럼 주인이신 예수님의 결정대로 순종하겠다는 맹세입니다. 또 '주님(의 영광)을 위해 살기로 결단'하는 것입니다. 예수님을 영접하면 내 삶의 주인은 예수님이시기 때문입니다(갈 2:20). 예수님을 나의 구원자로 고백하고 내 삶의 주인(결정권자)으로 인정하며 하나님의 영광을 위해 순종충성하려는 결심이 섰을 때 예수님을 영접하면 됩니다.

당신은 자신을 죄에서 구할 수 있는 유일한 구원자로 예수님만 신뢰하고 의지합니까? 그 예수님을 당신 안에 들어오시도록 삶을 예수님에게 드렸습니까? 예수님의 결정(말씀)에 순종합니까?

비전을 찾는 그대에게

'구원 얻는 믿음'은 자신의 죄를 회개하고 예수님만을 구원자로 고백하며 예수님을 주인으로 인정하는 것이 삶에 나타납니다. 죄의 자백과 예수님이 나의 구원자라는 신앙고백과 삶을 드리는 헌신이 동시에 일어납니다. 진실로 예수님을 믿는 자에게는 회개와 신앙과 순종이 열매 맺습니다.

풍성한 구원을 누립시다

예수님은 친히 『내가 온 것은 양으로 생명을 얻게 하고 더 풍성히 얻게 하려는 것이라』(요 10:10)고 하셨으며, 에베소서 1장 3절은 『하늘에 속한 모든 신령한 복을 우리에게 주』셨다고 선포합니다.

믿음은 예수님과 성도를 연합시킵니다(엡 2:4~9). 하나님은 우리의 믿음을 보시고 예수님이 죽으신 것이 마치 내가 죽은 것처럼 여겨 주시며 예수님이 부활하신 것을 내가 부활한 것처럼 여겨 주십니다.[34]
믿음으로 예수님과 연합된 성도는,

죄를 용서받습니다(골 2:13). 이미 예수님이 나의 모든 죄를 지고 십자가에서 죽으셨기 때문입니다. 주님의 죽으심을 의지하는 심령마다 성령님이 십자가 보혈로 눈보다 더 희게 씻어 주십니다(사 1:18). 그리

---

34) 신학적으로 '전가'라고 한다. 우리가 받아야 할 율법의 저주를 예수님께서 받으신 것이 되고, 예수님의 의가 우리의 것으로 교환되는 것이다.

하여 성도는 죄를 용서받은 거룩한 행복을 누립니다.

죽었던 영혼이 살아나 영원한 생명을 소유합니다. 성령님이 죄로 죽었던 성도의 영혼을 부활시키시는데 이것을 중생, 거듭남이라고 합니다(요 3:3~8). 그래서 『허물과 죄로 죽었던 너희를 살리셨도다』(엡 2:1, 3), 『아들을 믿는 자에게는 영생이 있고』(요 3:36), 『믿는 자는 영생을 얻었고』(요 5:24), 『믿는 자는 영생을 가졌나니』(요 6:47)라고 했습니다. 성도는 이 땅에서부터 영생을 맛보며 살아갑니다(요 17:3).

새로운 법의 지배를 받습니다. 『그리스도 예수 안에 있는 생명의 성령의 법이 죄와 사망의 법에서 너를 해방하였음이라』(롬 8:2). 예수님을 믿으면 죄와 사망에서 해방되고 생명과 성령이 다스리십니다. 성령의 능력으로 삶에 생명력이 나타납니다(롬 8:34; 히 2:15).

하나님의 자녀가 됩니다. 『영접하는 자 곧 그 이름을 믿는 자들에게는 하나님의 자녀가 되는 권세를 주셨』(요 1:12)기 때문입니다. 하나님은 예수님을 믿는 성도를 자녀 삼으십니다. 자녀는 아버지와 친밀한 가운데 돌보심과 기업을 누립니다.

죽음을 두려워하지 않습니다. 죄에 대한 심판이 사망이므로 인간의 가장 큰 두려움은 사망입니다. 모든 사람은 죄책감과 죽음의 두려움 가운데 살아갑니다(롬 8:1 참조). 그런데 예수님께서 죽음을 이기셨기

비전을 찾는 그대에게

때문에 예수님을 믿는 자는 죽음의 두려움에서 해방되고, 영원한 생명을 얻어 거룩한 평강을 누립니다(히 2:14~15). 이제 그에게 육신의 죽음은 천국에 들어가는 문이며 생명에 삼켜짐을 당하는 영화입니다(고후 5:4).

하나님의 형상이 회복되고 성령의 열매를 맺는 『신성한 성품에 참여하는 자』(벧후 1:4)가 됩니다. 『오직 성령의 열매는 사랑과 희락과 화평과 오래 참음과 자비와 양선과 충성과 온유와 절제니 이 같은 것을 금지할 법이 없느니라』(갈 5:22). 성령님이 성도들 안에 내주해 계시면서 하나님의 형상을 회복시키시고 예수님을 닮아 가는 성품이 되게 하십니다. 그것을 아무도 막지 못합니다.

이렇게 예수님은 자기 백성을 그들의 죄와 죄의 결과들로부터 구원하셨습니다. 우리를 죄와 죽음에서 구원할 분은 오직 예수님뿐입니다(마 1:21; 요 14:6). 천하 사람 중에 구원을 받을 만한 다른 이름을 우리에게 주신 일이 없기 때문입니다(행 4:12). 그래서 예수님을 만난 제자들은 『우리가 메시아(그리스도, 구원자)를 만났다』(요 1:41)라고 했습니다. 예수님을 믿는 자는 누구든지 하나님의 꿈을 회복할 수 있습니다.

저는 부산으로 이사 온 뒤 믿음을 잃고 방황했습니다. 어머니는 '종수 때문에 고민해 본 적이 없다'고 말씀하셨지만, 제 안의 양심은 늘 저를 향해 '너는 죄인!'이라 정죄했고, 저는 항상 죄책감에 시달렸습니다.

세상 것은 다가갈수록 허무해서 무엇을 해도 만족이나 진정한 기쁨이 없었습니다.

거기다 가끔씩 '길을 가는데 갑자기 차가 나를 덮치면 어떻게 되지?' 혹은 '아파트 밑을 지나가는데 위에서 이사하던 피아노가 내 머리 위로 떨어지면 어떻게 되지?' 하는 죽음의 공포가 엄습해 두려웠습니다. 죽음이 나에게서 멀지 않다는 생각과 사후 세계에 대한 아무런 준비가 되어 있지 않다는 불안 때문이었습니다.

제가 죄책감과 세상의 허무, 그리고 죽음과 지옥의 두려움에 지쳐 마음이 쓰러지려 할 때마다 하나님은 지금의 저의 모습은 거지로, 과거 주일학교 때의 모습은 왕자로 대조해서 보여 주셨습니다. 그것이 부르시는 하나님의 음성임을 희미하게나마 느꼈지만, 스스로 주님께 나아갈 용기가 없었습니다. '언젠가는 간다. 그러나 나도 염치가 있으니 직장도 안정되고 결혼해서 가정도 안정되면 당당하게 간다.' 이렇게 미루고 있었습니다.

그러던 중, 얼마 전부터 다시 교회에 다니던 명애 누님이 저를 전도하셨습니다. 제가 '안정되면 교회에 나가겠다'고 하자 누님은 "네가 안정되면 예수님이 왜 필요하니? 안정이 안 되니까 예수님을 믿어야지"라고 했는데 그 말이 저의 생각을 바꾸어 놓았습니다. 다음 날, 누님을 따라 교회에 갔습니다.

비전을 찾는 그대에게

1989년 6월 4일. 교회 문을 여는 순간 말로 설명하기 어려운 강력하고 신선한 힘이 제 안으로 밀려들었습니다. 마치 새로운 세계의 문을 통과한 것 같았습니다. '아! 내가 그토록 찾아 헤매던 것이 바로 이것이구나! 내가 있어야 할 자리는 바로 교회였구나!'라는 고백이 저절로 나왔습니다. 그제야 그동안 제가 왜 방황했는지 알 수 있었습니다.

아버지 집에 돌아온 탕자의 기쁨을 어떻게 말로 표현할 수 있을까요? 제 마음은 잊었던 평안과 제 안에서 일어나는 거룩한 생명의 역사로 인해 놀라고, 감격에 휩싸였습니다. 다음 날로 과거의 나쁜 습관과 껌딱지처럼 붙어 다니던 친구들과도 단절했습니다. 누님이 가르쳐 준 대로 매일 한 시간씩 성경을 읽고 한 시간씩 기도했습니다. 그 시간이 점점 길어져서 새벽에야 잠들기도 했습니다. 제 영혼이 너무나 갈급했고, 끊임없이 은혜를 사모했기 때문입니다.

그런데 두 달쯤 지나면서부터 성경을 읽고 설교를 들어도 '너는 죄인'으로 들렸습니다. 처음에는 당황했지만, 저의 죄인 됨을 인정하니 오히려 더 은혜를 간절히 사모하게 되었습니다. 거의 매일 교회에 갔고, 퇴근 후엔 성경 공부를 하고 할머니들과 철야하며 교회당에서 자고 새벽기도와 아침 큐티 모임 후에 출근하는 생활이 이어졌습니다.

그러던 어느 날, 저의 죄인 됨과 죄인을 기다리는 것은 사망과 지옥의 무서운 저주임이 몸서리쳐지도록 실감이 났습니다. 제가 얼마나 극 악한 죄인이었던지 저는 지옥의 가장 밑바닥인 특실에 던져질 존재였습니다. 하나님께서 저를 그곳에 보내셔도 아무 항변도 할 수가 없었습니다. 제가 보아도 거기밖에는 제가 갈 곳이 없었습니다. 그만큼 저는 죄인의 괴수였으며 자신에게서는 아무런 소망도 찾을 수가 없었습니다. 저의 힘으로는 앞에 태산처럼 버티고 있는 죄와 사망의 문제를 해결할 수가 없었습니다. 이 비참한 심판에서 벗어나고자 하늘과 땅과 땅 아래, 즉 세상과 우주와 역사를 둘러보아도 저에게 매인 죄와 사망의 멍에를 풀어 줄 수 있는 사람이나 방법은 없었습니다. 저야말로 사망의 음침한 골짜기 가운데서 절망 중에 죽어 가는 짐승과 같았습니다. 그저 절망 가운데 주어진 저주를 기다릴 수밖에 없었습니다.

그러나 사랑의 하나님은 그러한 죄인을 그냥 내버려두지 않으시고 찾아오셨습니다. 저주의 늪에서 자기 절망에 빠져 가던 바로 그때였습니다. 저를 둘러싼 어둠을 몰아내며 찬란한 큰 빛이 다가왔습니다. 바로 예수님이 달리신 십자가였습니다. 하나님은 저에게 십자가를 바라보게 하셨고, 십자가에서 예수님이 죽으신 의미를 깨우쳐 주셨습니다. 십자가 위에는 저의 모든 죄를 대신 지신 하나님의 어린양 예수님이 계셨습니다. 그때 십자가 위에는 죄인인 제가 있어야 함을 알았습니다. '아! 나를 위해 예수님이 십자가에서 대신 죽으셨다는 말이 이런 뜻이구나. 내가 받을 저주를 예수님이 대신 당하셨구나. 그분이 나의 죗값을 다 치렀으니 예수님만 믿으면 나는 정죄받거나 심판받지도 않고 지옥에 가지도 않는구나. 예수님만이 나의 구원자이시구나! 아멘! 예

수님만을 나의 구주로 믿습니다!'

그 순간, 태산의 무게로 저를 짓누르던 죄의 짐은 벗겨졌습니다. 참된 자유와 생명의 기쁨이 제 안에서 솟아났습니다. 동시에 '내가 바로 하나님의 아들 예수님을 십자가에 못 박은 장본인'이라는 깨달음에 마음에 재를 쓰고 통회 자복 했습니다. '주여! 주여! 주여!' 다른 말이 나오지 않았습니다. 데굴데굴 구르며 눈물로 온몸과 마음을 씻을 뿐이었습니다. 그리고 주의 이름을 계속 외칠 뿐이었습니다. 그것밖에 할 수 없었습니다.

십자가를 경험한 이후 죄가 미워졌습니다. 아니, 혐오스러웠습니다. 그리고 저의 심령은 말씀을 사모하는 목마른 사슴이 되었습니다. 끊임없이 하늘 양식을 사모했습니다. 그래서인지 성경의 글자 하나하나마다 하나님께서 저를 사랑한다고 외치는 스피커였습니다. 성경만 펼치면 하나님과 예수님의 사랑이 기다리고 있었습니다. 그야말로 성경은 주님의 품이고 하나님의 가슴이었습니다. 그러니 성경을 읽는 것만큼 기쁨이 없었습니다. 성경을 읽다 보면 시간 가는 줄을 몰랐으며, 직장에서도 성경이 너무 보고 싶어 한 장 읽고 한참 일하다가, 또 한 장을 읽고 울면서 일하다가, 밖에 나가 한 시간쯤 성경을 읽으며 울다가 돌아온 적도 있었습니다. 은혜에 감복하여 밤새 성경을 읽으며 울다가 출근하기도 하고, 버스 안에서도 성경을 읽다가 부끄러운 줄도 모르고 소리 내어 통곡하곤 했습니다. 그 후 2년 동안은 다른 책을 읽을 수조

차 없었습니다. 베스트셀러 열 권보다도 성경의 한 글자가 더 소중했기 때문입니다. 그래서인지 성경을 일독(一讀)했을 때는 성경이 거의 다 외워질 정도로 제 심중에 깊이 새겨졌습니다.

십자가는 또한, 제가 하나님께 얼마나 큰 사랑을 받는 존재인지 알게 해 주었습니다. 하나님께서 세상에서 저를 제일 사랑하시는 것 같았습니다. 저를 얼마나 사랑하셨으면 저를 구원하기 위해 하나뿐인 하나님의 아들의 생명까지 희생하셨겠습니까? 저를 얼마나 소중하게 여기셨으면 아들을 포기하면서까지 저를 포기하지 않으셨겠습니까? 그래서 저는 자주 세상과 우주를 향해 '나보다 하나님의 사랑을 더 받은 사람 있으면 나와 봐! 까불고 있어'라고 속으로 우쭐대곤 했습니다. 이러한 하나님의 사랑이 나의 백그라운드가 되자, 믿음은 담대해졌고 자존감도 회복되었습니다.

그 이후로 제 눈에는 눈물이 마르지 않았습니다. 예수님의 십자가만 생각해도 눈물이 터졌습니다. 십자가를 통해 이러한 하나님의 큰사랑을 알게 된 후 저의 삶은 완전히 변화되었습니다.

지금도 저는 가끔씩 구원받았다는 사실과 죄인이었던 제가 감히 강단에 서서 생명의 말씀을 전한다는 사실, 그리고 천당에서 저를 기다리시는 예수님을 생각하며 설교 중에 울고, 잠자리에 누워 베갯잇을 적시곤 합니다.

　　　　　　　　　　　비전을 찾는 그대에게

예수님이 당신에게 복음이십니까? 예수님이 당신을 구원하셨습니까?

예수님은 꿈이 있습니다. 죄인을 구원할 복음을 완성하는 것입니다. 예수님은 십자가와 부활로 죄인의 복음이 되셨고(요 14:6; 행 4:12) 하나님나라를 시작하셨습니다(마 12:28).

우리가 비전을 찾기 위해 먼저 할 일은 은혜 가운데 복음이신 예수님을 믿는 것입니다. 죄를 회개하고 끊으십시오. 예수님만을 나의 구원자로 신뢰하고 의지하며 영접하십시오. 예수님에게 나의 결정권을 드리고 주님과 하나님나라를 위해 사십시오. 주님의 다스리심에 순종하십시오. 죄와 죽음과 사탄에서 구원하시고 하나님의 꿈을 회복시켜 주실 것입니다.

여자의 후손	예수님의 꿈	성취 방법	구원 얻는 믿음
사람 뱀에게 발꿈치를 상함 뱀의 머리를 깨트림	복음을 완성하는 것	성육신 십자가 부활	죄를 회개하고 예수님을 구주로 고백하고 주인이신 주님의 결정에 순종

정리 및 나눔

1. 예수님께서 우리를 구원하기 위해 완성하신 복음에 대해 정리해 보라.

    a. 하나님의 아들이 왜 반드시 인간이 되셔야 했는가?

b. 예수님께서 십자가에서 죽으신 의미는 무엇인가?

c. 예수님의 부활의 의미는 무엇인가?

2. 예수님의 성육신과 죽으심과 부활이 각각 당신의 믿음과 삶에 어떤 영향을 주고 있는가?

3. 당신은 예수님을 어떤 분으로 고백하는가?

4. 당신이 믿는 복음의 내용을 요약해 보라.

5. 예수님께서 당신을 구원하셨다는 사실을 가장 깊이 경험했던 간증을 나누라.

6. 당신은 회개, 신앙고백, 주 되심(순종)이라는 구원의 세 열매를 실제로 맺고 있는가? 삶에서 드러나는 구체적인 사례를 나누고 더 풍성한 열매 맺는 신앙이 되도록 함께 기도하라.

7. 오늘 받은 은혜를 나누고 창세기 3장 15절을 암송하라.

비전을 찾는 그대에게

7. 꿈을 확장하시는 예수님

『이 천국 복음이 모든 민족에게 증언되기 위하여 온 세상에 전파되리니 그제야 끝이 오리라』(마 24:14)

예수님은 성육신과 십자가와 부활을 통해 구약성경의 메시아언약을 성취하시므로 그분 자신이 죄인을 구원하는 복음이 되셨습니다(롬 1:2~4). 우리가 하나님의 꿈을 다시 품을 수 있게 해 주셨고 아브라함에게 약속하셨던 하나님나라를 시작하셨습니다(마 12:28).

예수님은 지금 무엇을 하고 계실까요?

현재 예수님이 하시는 일

부활하셔서 지금도 살아 계신 예수님은 끊임없이 일하시며 그분의 꿈을 우리 가운데서 이루어가고 계십니다.

a. 왕으로서 승천하시어 하나님 보좌 우편에서 통치하십니다

『살아 계심을 나타내사 사십 일 동안 그들에게 보이시며』(행 1:3), 『그들이 보는데 올려져 가시니 구름이 그를 가리어 보이지 않게 하더라』(행 1:9). 예수님은 부활하시고 40일 후에 사람들이 보는 가운데서 승천하셨습니다. 『그는 하늘에 오르사 하나님 우편에 계시니 천사들과 권세들과 능력들이 그에게 복종하느니라』(벧전 3:22). 승천하신 예수님은 하나님 보좌 우편에 앉으셨습니다. 성경에서 오른쪽은 '힘, 권세'를 상징합니다. 그래서 『하늘과 땅의 모든 권세를 내게 주셨으니』(마 28:18)라고 했습니다. 하나님 보좌 오른편에 앉으신 예수님이 최고의 권세자이십니다. 세상도, 불신자도, 천사들마저도 예수님이 다스리십니다. 승천하신 예수님은 지금도 하나님 보좌 우편에서 만왕의 왕으로 통치하십니다.

b. 선지자로서 성령을 보내 교회를 세우셨습니다

『하나님이 오른손으로 예수를 높이시매 그가 약속하신 성령을 아버지께 받아서 너희가 보고 듣는 이것을 부어 주셨느니라』(행 2:33). 승천하시어 우주통치권을 가지신 예수님은 하나님 아버지께 성령을 받아 우리에게 보내 주셨습니다.
『베드로가 이르되 너희가 회개하여 각각 예수 그리스도의 이름으로 세례를 받고 죄 사함을 받으라 그리하면 성령의 선물을 받으리니』(행 2:38). 성령님은 회개하고 예수님을 믿는 성도들에게만 주시는 하나님의 선물입니다.

비전을 찾는 그대에게

성령님은 성경으로 예수님을 가르쳐서 믿고 거듭나게 하여 구원받은 공동체인 교회를 세우십니다. 이처럼 예수님의 복음은 성령의 능력으로 우리 안에 살아 역사하십니다.

c. 제사장으로서 우리를 위해 중보기도 하십니다

『 … 그(예수)는 하나님 우편에 계신 자요 우리를 위하여 간구하시는 자시니라』(롬 8:34). 요한복음 17장을 통해 대제사장이신 예수님께서 우리를 위해 기도하시는 내용을 알 수 있습니다. 『내가 비옵는 것은 세상을 위함이 아니요 내게 주신 자들을 위함이니이다』(요 17:9), 『아버지의 이름으로 그들을 보전하사 우리와 같이 그들도 하나가 되게 하옵소서』(요 17:11), 『내가 비옵는 것은 그들이 악에 빠지지 않게 보전하시기를 위함이니이다』(요 17:15), 『그들을 진리로 거룩하게 하옵소서』(요 17:17), 『내가 비옵는 것은 이 사람들만 위함이 아니요 또 그들의 말로 말미암아 나를 믿는 사람들도 위함이니』(요 17:20). 이처럼 예수님은 우리와 우리를 통해 믿게 될 모든 하나님의 백성들의 하나 됨과 거룩함과 악에 빠지지 않도록 중보기도 하십니다.

예수님이 통치하시고 성령을 보내셔서 교회를 세우시고 중보하시는 목적은 무엇일까요?

자기 백성을 다 구원하는 것입니다

『창세 전에 그리스도 안에서 우리를 택하사 우리로 사랑 안에서 그 앞에 거룩하고 흠이 없게 하시려고 그 기쁘신 뜻대로 우리를 예정하사 예수 그리스도로 말미암아 자기의 아들들이 되게 하셨으니』(엡 1:4~5). 하나님은 세상을 창조하기 전부터 하나님의 주권과 기쁘신 뜻대로 하나님의 자녀를 정하셨습니다(단 12:1 참조). 인류가 범죄하여 하나님을 떠나므로 예수님은 그들을 찾아 구원하기 위해 오셨습니다. 『인자가 온 것은 잃어버린 자를 찾아 구원하려 함이니라』(눅 19:10). 잃어버린 자기 백성을 다 구원하는 것이 예수님의 꿈입니다.

그것을 보여 주는 것이 마태복음 24장 14절입니다. 주님이 오실 세상 끝에는 무슨 징조가 있느냐는 제자들의 질문에 대한 주님의 대답이 『이 천국 복음이 모든 민족에게 증언되기 위하여 온 세상에 전파되리니 그제야 끝이 오리라』입니다. 모든 민족에게 복음이 전파된 후에 세상은 끝날 것입니다. 따라서 예수님은 자기 백성을 다 구원하기 위해 현재 모든 민족에게 복음이 전파되도록 왕으로 통치하시고, 성령으로 교회를 통해 복음을 전파하시며, 자기 백성의 구원과 사역을 위해 중보하십니다(요 17:17, 20),

누가 하나님의 백성인지는 오직 성삼위 하나님만이 아십니다. 그런데 하나님께서 구원하기로 선택한 사람들은 반드시 예수님이 구원하십니다. 그들은 반드시 예수님을 믿습니다. 그러므로 구원받고 싶다면 예수님을 믿으십시오. 그리고 예수님을 믿는다면 하나님께서 선택해 주셨기 때문임을 기억하고 감사하십시오. 예수님이 나를 찾으신 것이니 구원을 확신하십시오.

구원받은 성도는 주님이 다시 오실 때까지 세상에서 어떻게 살아야 하겠습니까?

죄인 구원을 위해 복음을 전하며 삽시다

십자가와 부활의 복음으로 우리의 구속을 완성하신 예수님은 하나님나라의 왕으로서 자기 백성을 다 구원하는 꿈을 가지고 계십니다. 예수님은 교회를 통해 자기 백성을 구원하십니다. 교회는 예수님의 몸이기 때문입니다. 『교회는 그의 몸이니 만물 안에서 만물을 충만하게 하시는 이의 충만함이니라』(엡 1:23). 예수님께서 이 땅에서 육체로 하셨던 구원 사역을 이제는 교회의 복음 전파를 통해 성령으로 하십니다. 그러므로 교회는 예수님의 몸이며 동시에 만물 안에서 만물을 충만하게 하시는 예수님께서 충만히 임재하시는 하나님나라입니다.

과거에는 예수님께서 육신(몸)으로 구원운동	그러므로	교회 = 예수님의 몸
‖　　　　‖　　　　‖　　　‖		
현재에는　예수님께서　교회로　구원운동		

승천하신 예수님은 선지자로서 나에게 성령을 보내시어 성경으로

복음을 가르쳐 믿고 거듭나게 하십니다. 왕으로서 내 삶을 통치하십니다. 제사장으로서 나의 구원을 위해 기도하십니다. 이러한 예수님이 계시기에 우리의 구원은 안전하고 확실합니다.

또 예수님은 성령을 보내서 교회를 세우십니다. 교회의 복음 전파 사역이 잘 이루어지도록 세상과 역사를 통치하십니다. 교회의 사역을 위해 기도하십니다. 그렇게 자기 백성 구원의 꿈을 이 땅에서 펼쳐 가십니다. 그 일에 당신을 부르십니다. 그러므로 우리는 죄로 죽은 영혼의 구원을 위해 기도하며 죄인의 복음이신 예수님을 전합시다.

호주 시드니의 조지 거리에서 세 마디 말과 전도지 한 장으로 40년간 전도한 노인의 실화입니다. 이 노인은 젊은 날 주님께 서원한 대로 같은 시간, 같은 장소에서 하루도 빠짐없이 전도했습니다. 그러나 단한 번도 '당신을 통해 주님을 영접했어요'라는 말을 듣지 못했습니다. 노인이 된 그는 자신의 삶을 '열매 없는 열심이었다'고 탄식합니다.

그런데, 영국 런던에 사는 한 목사에게 신기한 일이 일어납니다. 예배를 마치려 할 때 뒤에서 낯선 사람이 일어나 말했습니다. "목사님, 제가 잠깐 간증을 나누어도 될까요? 제가 친척을 만나러 시드니 조지 가를 걷고 있을 때 한 노인이 저에게 다가와 말했습니다. '실례합니다. 구원받으셨나요? 오늘 밤 죽으면 천국에 가십니까?' 저는 그 말이 계속 신경 쓰였고 영국에 오자마자 예수님을 영접했답니다." 은혜로운 간증에 목사님은 그 성도를 축복하며 환영했습니다.

그 후 그 목사는 LA에서 설교를 하던 중 이와 똑같은 간증을 두 번

비전을 찾는 그대에게

더 듣게 됩니다. 이 목사가 다시 영국에서 말씀을 전하게 되었는데 예배 후 네 명의 노인이 그에게 찾아와 "우리도 각각 25년, 35년 전에 시드니에 갔다가 그 노인에게 같은 질문을 받고 예수님을 영접했어요"라고 말합니다. 이 목사는 캐러비안 선교 대회에 참석하여 이 간증을 나누었습니다. 그런데, 세 명의 선교사가 와서 "우리도 15년, 20년 전에 그 노인에게 복음을 듣고 예수님을 영접했어요"라고 말했습니다. 이 목사가 미국 조지아주에 가서 해군 군종 목사들에게 말씀을 전할 때 군종 목사로부터 '조지 가의 노인' 간증을 듣게 됩니다.

6개월 후 이 목사는 5,000명의 인도 선교사 집회에 참석합니다. 집회가 끝나고 식사하던 중, 그가 한 인도인에게 물었습니다. "어떻게 크리스천이 되었습니까?" "제가 시드니 외교관으로 있었을 때, 아이들을 위해서 장난감을 사려고 조지 가를 걷고 있었습니다. 그때 예의 바른 백발의 노인이 저에게 다가와 물었습니다. '실례합니다. 구원받으셨나요? 오늘 밤에 돌아가신다면 천국에 가시겠습니까?'"

8개월 후, 드디어 호주 시드니에서 말씀을 전하게 된 목사는 "혹시 조지 가에서 전도하시는 노인을 아십니까?"라고 묻자, "네, 그분은 '프랭크 제너'라는 분인데 지금은 연세가 많아 이제는 전도하지 않습니다"라고 알려 주었습니다. 그의 아파트로 찾아가 제너를 만난 목사는 3년 동안 자신에게 무슨 일이 일어났는지 알려 주었습니다. 젊은 날, 방탕한 해병 생활을 정리하고 예수님을 영접한 제너는 구원의 은혜에 감사하여 하루 10명에게 전도하리라 다짐했습니다. 40년이 지난 지금 열매 없이 주님 뵐 생각에 가슴 아파하던 이때 듣게 된 기적! 목사의 이야기를 듣는 동안 뜨겁게 눈물을 흘리며 주님께 감사한 제너는 2주 후 기쁘게 주님의 품에 안겼습니다.

이 목사가 3년간 확인한 결과만 146,000명이 전도되었습니다.[35] 이 세상에서는 제너를 알아주지 않았지만, 하늘나라에서는 유명한 분이실 것입니다.

지금 당장 열매가 보이지 않아도 낙담하지 않고 사명에 충성하는 당신은 천국에서 존귀한 사람일 것입니다. 지금도 당신이 전한 복음은 보이지 않아도 곳곳에서 생명의 열매를 맺고 있습니다.

예수님의 꿈	성취 방법	우리의 사명
자기 백성을 다 구원	승천하여 통치하심 - 왕 성령 보내어 교회 세우심 - 선지자 중보기도 하심 - 제사장	순종하여 복음 전파 영혼 구원 위해 기도

---

35)　https://www.youtube.com/watch?v=rp0377Yx6a8

　　　　　　　　　　　　　비전을 찾는 그대에게

정리 및 나눔

1. 예수님이 현재 하시는 일과 그 일의 내용은 무엇인가?

2. 예수님께서 지금 하시는 세 가지 사역(왕, 선지자, 제사장)은 당신
   의 믿음과 삶에 어떤 영향을 주고 있는가?

3. 예수님은 왜 그 일들을 하시는가? 재림하실 때까지 예수님이 이루
   시려는 꿈은 무엇인가?

4. 당신이 주님의 몸 된 교회라는 사실과 모든 민족에게 복음이 전파
   된 후에 끝이 올 것이라는 말씀은 당신의 삶에 어떤 도전을 주는가?

5. 자기 백성을 다 구원하시려는 예수님의 꿈을 위해 지금 내가 할
   수 있는 일은 무엇인가?

6. 다른 사람을 예수님께 인도한 간증을 나누라.

7. 오늘 받은 은혜를 나누고 마태복음 24장 14절을 암송하라.

8. 꿈을 완성하실 예수님

『내가 진실로 속히 오리라』(계 22:20)

죄인을 구원하는 꿈을 위해 하나님의 아들이신 예수님은 2,000년 전에 사람이 되시어 죽으시고 부활하심으로 복음을 완성하셨습니다. 현재 예수님은 자기 백성을 다 구원하려는 꿈을 가지고 교회를 통해 복음을 전하게 하십니다. 그렇다면 미래에 완성하실 예수님의 꿈은 무엇일까요?

교회를 통해 복음이 전파되고 죄인을 구원하여 하나님나라가 확장되고 있지만, 세상에 악의 근원인 사탄과 죄, 그리고 인간의 죄성이 있는 한 이 땅에서는 하나님의 꿈이 완전히 실현될 수는 없습니다. 그래서 하나님은 죄와 사탄이 들어올 수 없는 하나님의 꿈이 온전히 이루어지는 완전한 세계를 예비하셨습니다. 그곳이 바로 새 하늘과 새 땅입니다.

성경에는 '하나님나라, 천국,[36] 낙원, 새 하늘과 새 땅'이라는 표현이

---

36)   천국은 마태복음에만 36회, 하나님나라는 마태복음에 4회, 마가복음 14회, 누가복음 31회, 요한복음 2회가 나타난다.

비전을 찾는 그대에게

나옵니다.

　마태복음 13장에 예수님께서 『천국의 비밀』(마 13:11)을 가르치시는데 같은 내용을 마가복음과 누가복음[37]에서는 『하나님나라의 비밀』(막 4:11; 눅 8:10)이라고 했습니다. 따라서 의미는 같으나 유대인들에게는 천국(The Kingdom of Heaven)으로, 이방인들에게는 하나님나라(The Kingdom of God)로 표현했음을 알 수 있습니다.

　하나님나라는 '하나님의 통치하시는 영역'이며, 현세와 내세에서 이중적으로 누릴 수 있습니다. 하나님나라라는 표현에서 강조하는 것은 '통치'와 '현세'에서부터 참여할 수 있다는 것입니다.

　누가복음 23장에서 예수님은 예수님을 믿는 한편 강도에게 『내가 진실로 네게 이르노니 오늘 네가 나와 함께 낙원에 있으리라』(눅 23:43)라고 그의 구원을 선언하십니다. 이로 볼 때 '낙원(Paradise)'은 성도가 가게 될 내세인데 죽은 즉시 가는 '영혼의 거처'입니다. 낙원[38]이라는 표현에서 강조하는 것은 죽은 '즉시'와 '내세'입니다.

　'새 하늘과 새 땅(A New Heaven and a New Earth)'은 성도가 가게 될 '완성된 천국'으로서 천당이라고도 합니다(계 21~22장). 새 하늘과 새 땅은 예수님이 재림하신 후에 성도의 육체가 부활하여 '영혼과 육

---

37)　"유대인들이 초자연성을 강조하기 위해 마태복음에 "천국"이라는 단어를 썼으며, 나라의 주인을 강조하기 위해 이방인들에게 쓴 마가복음과 누가복음에는 "하나님나라"를 썼다." 게할더스 보스 지음, 원광연 옮김, 『하나님나라와 교회 은혜와 영광』, 크리스챤다이제스트, 1998, 24~26.

38)　바울은 고린도후서 12장 2절에는 '셋째 하늘'에 4절에서는 '낙원'으로 이끌려 갔다고 말했다. 당시에 셋째 하늘은 하나님께서 계신 곳을 의미했다. 바울은 낙원에 '갔다' 왔지만, 요한은 새 하늘과 새 땅을 '보기'만 했다(계 21:1, 22:1). 새 하늘과 새 땅은 예수님 재림 후에 만들어질 것이기 때문이다.

체'가 신령한 몸으로 온전히 회복되어 영원히 거할 본향입니다. 새 하늘과 새 땅(천당)이라는 표현에서 강조하는 것은 '장소'와 '완전'입니다.

이처럼 모두 '천국'을 의미하지만, 글을 읽는 대상이나 강조점에 따라 다양하게 표현했습니다.

하나님나라(천국)		
	하나님나라	낙원	새 하늘과 새 땅(천당)
의미	하나님께서 통치하시는 영역	성도가 갈 내세	성도가 갈 완성된 천국
시기	현세와 내세(2중적)	죽은 즉시	예수님의 재림 후
특성	천당, 낙원, 새 하늘과 새 땅을 다 포함 천국과 같은 의미	영혼만 가는 곳	육체가 부활한 후 영육이 신령한 몸으로 변화되어 갈 영원한 본향
강조	통치, 현세	즉각성, 내세	새로움(거룩함), 완전성, 장소
성경	막 4장; 눅 8장; 마 13장	눅 23장	계 21~22장

미래에 완성하실 예수님의 꿈은,

구원한 모든 성도를 새 하늘과 새 땅에 데려가는 것입니다

『또 내가 새 하늘과 새 땅을 보니 처음 하늘과 처음 땅이 없어졌고 바다도 다시 있지 않더라』(계 21:1). '새로운(καινός, 카이노스)'은 본질적인 새로움을 강조하는 표현입니다. [39] 새 하늘과 새 땅은 실재하는 장소로

---

39) 그랜트 오즈번 지음, 김귀탄 옮김, 『요한계시록』, 부흥과개혁사, 2012, 915.

비전을 찾는 그대에게

서 옛 하늘과 옛 땅인 현세와는 질적으로 다른 실재하는 영원한 내세입니다.

새 하늘과 새 땅이 어떻게 만들어질까요?

『보좌에 앉으신 이가 이르시되 보라 내가 만물을 새롭게 하노라』(계 21:5). 하나님께서 이 우주를 새롭게 하실 것입니다. 『그 날에 하늘이 불에 타서 풀어지고 물질이 뜨거운 불에 녹아지려니와』(벧후 3:12). 하나님께서 이 세상을 새롭게 하시는 방법은 무에서 유로의 재창조가 아니라 현재의 세상을 불에 태워 '갱신(새창조)'하는 것입니다. 이미 있던 것을 새롭고 온전하게 하는 것입니다.[40]

예를 들어, 영혼이 죽었다는 말은 영혼이 없다는 소멸이 아니라 영혼이 존재는 하지만 죄로 인해 기능을 상실하여 하나님과 관계를 하지 못하는 상태입니다. 반대로 '영혼이 거듭났다. 중생했다. 영원한 생명을 얻었다'는 말은 없던 영혼을 만들었다는 것이 아니라, 영혼이 기능을 회복하여 영이신 하나님과 화목한 관계가 되었다는 뜻입니다. 하나님은 구원하실 때 우리를 없애고 다시 만드시는 것이 아니라 새롭게 하십니다.

마찬가지로 옛 하늘과 옛 땅을 새 하늘과 새 땅으로 만드시는 방법은 세상을 다 소멸시키고 다시 창조하시는 것이 아니라 불로 옛 하늘과 옛 땅을 다 태워 버리는 것입니다. 뜨거운 불로 금을 녹이면 금에 붙어 있던 더러운 찌꺼기들이 다 타서 없어집니다. 마찬가지로 하나님께

---

40) 이필찬, 『내가 속히 오리라』, 이레서원, 2010, 874.

서 옛 하늘과 옛 땅을 정화의 불로 다 태우셔서 더러운 죄들을 모두 제거하실 것입니다. 지금 세상에서 죄와 죄의 결과들만 쏙 빼낸 것과도 같습니다. 오염된 폐수를 정수기에 넣으면 폐수가 다 걸러지고 깨끗한 정수만 나오듯 하나님은 창조 세계를 새롭게 하실 것입니다.

그러면 에덴동산과 똑같아지는 것입니까?

에덴동산이 회복되는 것입니다. 하지만 새 하늘과 새 땅은 에덴동산보다 거룩하고 완전한 곳입니다.

『무엇이든지 속된 것이나 가증한 일 또는 거짓말하는 자는 결코 그리로 들어가지 못』(계 21:27)합니다. 에덴동산에는 죄가 없었으나 죄가 들어올 수 있었습니다. 그러나 새 하늘과 새 땅에는 죄가 없을 뿐만 아니라 들어올 수도 없습니다.

『또 그들을 미혹하는 마귀가 불과 유황 못에 던져지니 거기는 그 짐승과 거짓 선지자도 있어 세세토록 밤낮 괴로움을 받으리라』(계 20:10). 에덴동산은 사탄이 침투해 올 수 있었지만 새 하늘과 새 땅은 사탄이 들어올 수 없습니다. 예수님이 재림하시면 사탄과 그를 따르는 모든 불신자가 지옥에 던져져서 영원토록 형벌을 받을 것이기 때문입니다.

『오직 어린 양의 생명책에 기록된 자들만 들어가리라』(계 21:27). 찬송가 233장 5절 "♬거기 죄인 전혀 없으니 거룩한 자뿐이라 ♩" 새 하늘과 새 땅은 죄인이 들어갈 수 없습니다. 이 땅에서 예수님을 믿고 죄를 용서받은 거듭난 성도, 즉 이 땅에서 심령천국(하나님나라)을 누린 성도만 들어갈 수 있습니다.

비전을 찾는 그대에게

『모든 눈물을 그 눈에서 닦아주시니 다시는 사망이 없고 애통하는 것이나 곡하는 것이나 아픈 것이 다시 있지 아니하리니 처음 것들이 다 지나갔음이러라』(계 21:4). 『다시 저주가 없으며』(계 22:3). 여기서의 고통은 다 죄의 결과입니다. 이 땅에는 죄와 사탄이 존재하므로 근심과 슬픔과 죽음이 있습니다. 하지만 새 하늘과 새 땅에는 죄와 사탄이 없으므로 죄의 결과인 저주, 슬픔, 고통, 배고픔, 억울함, 질병, 죽음 등이 없습니다. 새 하늘과 새 땅에 가면 하나님께서 우리의 눈물을 씻어 주실 것입니다. 새 하늘과 새 땅에는 시기도 경쟁도 실패도 없습니다. 병원도 응급실도 진통제도 장의사도 필요 없습니다. 앉은뱅이와 절름발이가 뛰게 될 것이며, 눈먼 소경이 보게 되고, 귀머거리가 듣게 되고, 벙어리가 존귀하신 주의 이름을 높이 찬양할 것입니다. 기근과 전쟁과 목마름이 사라질 것이며(계 7:16) 집이 없어서 전셋집, 월세 방을 전전하는 일이 없어질 것입니다. 모든 환란풍파는 물거품처럼 다 사라질 것이며, 하나님께서 주시는 위로와 영원한 즐거움만이 있을 것입니다. 모든 성도는 거기서 완전한 행복을 누릴 것입니다. "♬죄가 하나도 없고 아무 병도 없는 영화롭고도 밝은 천국 올라가서 주와 같이 그곳에 길이 살리로다 ♪"(찬송가 483장 3절). 『주의 앞에는 충만한 기쁨이 있고 주의 오른쪽에는 영원한 즐거움이 있』(시 16:11)습니다. 『또 그가 수정같이 맑은 생명수의 강을 내게 보이니 하나님과 및 어린 양의 보좌로부터 나와서 길 가운데로 흐르더라 강 좌우에 생명나무가 있어 열두 가지 열매를 맺되 달마다 그 열매를 맺고 그 나무 잎사귀들은 만국을 치료하기 위하여 있더라 하나님과 그 어린 양의 보좌가 그 가운데에 있으리니 그의 종들이 그를 섬기며』(계 22:1~4). 범죄한 인간은 생명나무를 먹지 못하도록 에덴에서 쫓겨났는데 새 하늘과 새 땅에는 중앙에 생명수 강이 흐르고 강 좌우에 생명나무가 즐비하게 있는 곳입니다. 영원한 생명을 풍성하게 누릴 완성된 에덴입니다.

『**내 아버지 집에 거할 곳이 많도다**』(요 14:2). 새 하늘과 새 땅은 거할 곳이 많은 아버지의 집입니다. 예수님을 믿어 하나님의 자녀가 된 성도는 누구든지 들어갈 수 있는 큰 집입니다(딤후 2:20).

『**가서 너희를 위하여 거처를 예비하면 내가 다시 와서 너희를 내게로 영접하여 나 있는 곳에 너희도 있게 하리라**』(요 14:3). 새 하늘과 새 땅은 주님과 함께 거할 성도의 본향입니다.

『**그 바라는 것은 피조물도 썩어짐의 종노릇 한 데서 해방되어 하나님의 자녀들의 영광의 자유에 이르는 것이니라**』(롬 8:21; 계 5:13). 새 하늘과 새 땅에는 구원받은 성도만이 아니라 하나님의 은혜 가운데 구별된 피조물들로 가득할 것입니다.

따라서 새 하늘과 새 땅은 현재의 세상이 사라지는 것이 아니라 영광스럽게 완전히 변형되는 것입니다. 하나님의 임재와 통치와 안식이 창조 세계에 온전히 구현되는 것입니다. 창세기 1~3장의 천지창조 및 에덴의 목적이 종말론적으로 완성되는 것입니다.

『**그 성은 해나 달의 비침이 쓸데없으니 이는 하나님의 영광이 비치고 어린 양이 그 등불이 되심이라**』(계 21:23). 하나님의 임재의 영광이 성막과 솔로몬 성전을 가득 채웠던 것(출 40:34~35; 왕상 8:10~11)처럼 새 하늘과 새 땅은 **하나님의 영광으로 충만한 곳**입니다.

『네 생물과 이십사 장로들이 … 새 노래를 불러 이르되 … 또 많은 천사의 음성이 있으니 그 수가 만만이요 천천이라 … 모든 피조물이 이르되 보좌에 앉으신 이와 어린 양에게 찬송과 존귀와 영광과 권능을 세세토록 돌릴지어다』(계 5:8~13). 새 하늘과 새 땅에서는 하나님만이 온전히 영광을 받으십니다. 네 생물과 이십사 장로들(구원받은 성도들)과 수많은 천사와 모든 피조물이 한목소리로 삼위 하나님께 찬양과 경배로 영광을 돌리는 곳입니다. 한마디로 새 하늘과 새 땅은 **'하나님의 꿈이 완전히 성취될 곳'**입니다.

예수님을 믿는 우리는 지금도 심령으로 천국영생을 맛봅니다(요 17:3). 하지만 완전한 천국영생은 새 하늘과 새 땅에서 영육 간에 누릴 것입니다. 그곳으로 구원받은 우리를 데려가는 것이 예수님의 최종적인 꿈입니다.

언제 우리를 새 하늘과 새 땅으로 데려가십니까?

예수님은 재림하셔서 우리를 새 하늘과 새 땅으로 데려가 상을 주실 것입니다.

『내가 진실로 속히 오리라』(계 22:20). 예수님은 다시 오실 것을 약속하셨습니다.

『그 날과 그 때는 아무도 모르나니 하늘의 천사들도, 아들도 모르고 오직 아버지만 아시느니라』(마 24:36). 재림하시는 날과 때는 아무도 모르고 오직 성부 하나님만 아십니다. 예수님도 모르는 예수님의 재림 날짜를 알려고 하는 것 자체가 사탄에게 미혹된 오만한 호기심이며, 안다고 말하는 사람은 100% 이단입니다.

『각 사람의 눈이 그를 보겠고』(계 1:7). 『이 예수는 하늘로 가심을 본 그래도 오시리라』(행 1:11). 부활승천 하신 신령한 몸 그대로 눈에 보이게 다시 오실 것입니다. 그러므로 모든 사람이 보게 될 것입니다.

『주 예수께서 자기의 능력의 천사들과 함께 하늘로부터 불꽃 가운데에 나타나실 때에』(살후 1:7), 『인자가 구름을 타고 능력과 큰 영광으로 오는 것을 보리라』(마 24:30). 2,000년 전 초림하셨을 때는 낮은 모습으로 오셨었지만, 재림하실 때는 만왕의 왕의 권세를 가지고 천군, 천사들의 호위를 받으며 영광스런 심판자로 오실 것입니다.

『바다가 그 가운데서 죽은 자들을 내주고 또 사망과 음부도 그 가운데에서 죽은 자들을 내주매』(계 20:13), 『마지막 나팔에 순식간에 홀연히 다 변화되리니 나팔 소리가 나매 죽은 자들이 썩지 아니할 것으로 다시 살아나고 우리도 변화되리라 이 썩을 것이 반드시 썩지 아니할 것을 입겠고 이 죽을 것이 죽지 아니함을 입으리로다』(고전 15:51~53). 예수님이 재림하시면 죽었던 육체들은 부활하고 살아 있는 자들은 신령한 몸으로 변화될 것입니다.

사람이 죽으면 즉시 성도의 영혼은 낙원에 가고 불신영혼은 음부에 갑니다(눅 16:23). 육체는 무덤 안에서 썩습니다. 그런데 『예수 안에서 자는 자들도 하나님이 그와 함께 데리고 오시리라』(살전 4:14). 예수님이 재림하실 때 낙원에 있는 영혼들을 데리고 오실 것입니다.

『그리스도 안에서 죽은 자들이 먼저 일어나고 그 후에 우리 살아남은 자들도 그들과 함께 구름 속으로 끌어 올려 공중에서 주를 영접하게 하시리니』(살전 4:16~17). 예수님의 재림을 알리는 나팔 소리가 나면 모든 죽었던 육체가 살아나는데(요 5:29) 그중에 부활한 성도들의 육체가 영혼과 합쳐지고 살아 있는 성도들은 부활하신 예수님의 몸처럼 순식간에 변화되어 함께 공중에서 재림하시는 주님을 영접할 것입니다.

『선한 일을 행한 자는 생명의 부활로, 악한 일을 행한 자는 심판의 부활로 나오리라』(요 5:29), 『각 사람이 자기의 행위대로 심판을 받고 사망과 음부도 불못에 던지우니 이것은 둘째 사망 곧 불못이라 누구든지 생명책에 기록되지 못한 자는 불못에 던져지더라』(계 20:13~15). 예수님이 재림하시는 목적은 성도들을 구원하여 새 하늘과 새 땅으로 데려가시고 불신자들은 심판하여 지옥으로 보내기 위해서입니다.

예수님은 반드시 다시 오실 것입니다. 하지만 도둑처럼 갑자기 오신다고 했습니다(살전 5:2). 그러므로 깨어 있어야 합니다(마 25:13).

예수님은 왜 우리를 새 하늘과 새 땅으로 데려가실까요?

　간혹 성도들도 마지막 최후 심판 때 벌을 받을 것이라고 말하는 분들이 있습니다. 성도가 벌을 받는다면 그곳이 천국이겠습니까? 최후 심판의 기준은 오직 한 가지 '믿음'입니다. 살아 있을 때 예수님을 믿은 자는 새 하늘과 새 땅으로 가고, 믿지 않은 자는 지옥으로 갈 것을 공적으로 최종판결 하실 것입니다. 성도의 죄는 이미 예수님의 공로로 다 용서를 받았습니다. 『악을 행하는 각 사람의 영에는 환난과 곤고가 있으리니』(롬 2:9) 『살아 있는 사람은 자기 죄들 때문에 벌을 받나니』(애 3:39). 성도가 범한 죄의 벌은 회개할 때까지 심령천국(엡 1:3 『하늘에 속한 모든 신령한 복』)을 일시적으로 상실[41]하거나 삶의 고생 등으로 이 땅에서 받습니다. 최후 심판 때에 재판장이신 예수님 앞에서 『각 사람이 자기 일을 하나님께 직고』(롬 14:12)할 것이므로 부끄러운 구원을 받을 수는 있겠지만 성도가 벌을 받는 일은 없을 것입니다.

　오히려 예수님은 『보라 내가 속히 오리니 내가 줄 상이 있어 각 사람에게 그가 행한 대로 갚아 주리라』(계 22:12)라고 하셨습니다.. 성도들은 새 하늘과 새 땅에 가서 하나님의 꿈을 위해 이 땅에서 행한 모든 믿음

---

41) 성도가 이 땅에서 누리는 천국은 하늘에 속한 모든 신령한 복을 마음으로 누리는 심령천국이고, 하나님과 친밀한 교통이다(요 17:3; 요일 1:3). 이것이 얼마나 큰 복인지는 범죄하면 깨닫게 된다. 범죄하면 성도 안에 내주하시는 성령님과의 관계가 불편해져 평강과 친교를 상실하기 때문이다. 깨끗하게 목욕한 사람이 다시 오물 속으로 들어가 살 수 없는 것처럼, 죄를 용서받은 거룩한 평안을 맛본 성도는 범죄하여 불안과 죄책감 속에서 계속 살아갈 수 없다.

　　　　　　　　　　　비전을 찾는 그대에게

의 수고에 대해 상을 받을 것입니다. 복음의 말씀을 전하는 목사와 선교사, 전도자, 교사에게 상을 주실 것입니다(단 12:3). 성도들이 주님의 몸인 교회를 위해 수고한 모든 봉사에 대해 상을 주실 것입니다. 큰일만이 아니라 작은 자에게 주님의 사랑으로 행한 작은 일도 상을 주실 것입니다. 『누구든지 제자의 이름으로 이 작은 자 중 하나에게 냉수 한 그릇이라도 주는 자는 내가 진실로 너희에게 이르노니 그 사람이 결단코 상을 잃지 아니하리라』(마 10:42). 주님은 일의 크기가 아니라 그 일을 하는 동기와 중심과 목적과 과정과 방법을 보시고 상을 주실 것입니다. 하나님의 사랑이 동기가 되고 하나님의 말씀에 순종하려는 중심과 하나님을 기쁘시게 하려는 목적과 의로운 방법으로 선을 행하면 물 한 그릇 떠 주는 것도 하나님께서 영광을 받으시고 상을 주실 것입니다.

『생각하건대 현재의 고난은 장차 우리에게 나타날 영광과 비교할 수 없도다!』(롬 8:18). 이 땅에 살면서 다른 사람을 섬기는 것은 어렵습니다. 수고해도 사람들이 몰라주거나 오히려 시기와 박해를 당할 수도 있습니다. 그래도 성도들은 주께서 베푸신 은혜를 감사하며 새 하늘과 새 땅에서 만날 주님을 생각하고 눈물로 희생합니다. 고난도 감수합니다. 요셉처럼 억울함도 '주님이 아시니까' 하고 참습니다. 그러한 모든 충성에 대해 주님께서 새 하늘과 새 땅에서 영원한 상으로 갚아 주시는데 이 땅에서의 수고와 비교할 수 없이 큰 영광으로 갚아 주실 것입니다.

임신하여 아기를 낳기까지의 어머니의 산통은 인간이 겪는 큰 고통이라고 합니다. 그런데 막상 아기가 태어나면 어머니는 산통보다 더 큰 기쁨 때문에 그 고통을 잊어버리고 아기를 자기 몸같이 사랑합니다. 마찬가지로 우리가 이 땅에서 주님의 영광을 위해, 믿음을 지키기 위해, 복음을 전하기 위해, 영혼을 구원하고 말씀대로 순종하기 위해, 교회에서 봉사하고 섬기기 위해, 하나님의 꿈을 위해 흘린 땀과 눈물과 탄식을 다 잊어버릴 정도로, 아니 그것이 영광스럽게 여겨질 정도로 새 하늘과 새 땅에서는 큰 상급을 주실 것입니다.

예수님은 우리를 위해 피 흘리며 죽기까지 수고하셨습니다. 그 사랑에 비하면 우리의 수고는 사실 수고라고 부르기에 부끄러울 정도입니다. 그래도 주님은 주님을 사랑하여 행한 작은 수고에도 상을 예비하시되 수고와는 비교할 수 없이 큰 상급을 준비하고 기다리십니다. 그러므로 고난이 많을수록, 주님을 사랑할수록 더 재림을 대망합니다. 재림을 기다릴수록 주님을 위한 고난을 특권으로 여기며 사랑으로 충성합니다(행 5:41).

예수님은 왜 지금 오지 않으실까요?

『하나님은 모든 사람이 구원을 받으며 진리를 아는 데에 이르기를 원하시느니라』(딤전 2:4), 『오직 주께서는 너희를 대하여 오래 참으사 아무도 멸망하지 아니하고 다 회개하기에 이르기를 원하시느니라』(벧후 3:9), 『이 천국 복음이 … 온 세상에 전파되리니 그제야 끝이 오리라』(마 24:14). 예수님이 지금 재림하시지 않는 이유는 아직 회개하고 구원받아야 할 남은 자가 있기 때문이며 복음이 전파될 곳이 남아 있기 때문입니다. 선교사가 가서 복음을 전하지만 복음이 온전히 전해지려면 그 종족의 언어로 성경이 번역되어야 합니다. 성경번역선교회는 성경을 종족의 언어로 번역하는 선교단체입니다. 2023년 9월 현재 7,359개 언어 중 신구약 성경이 모두 번역된 언어는 736개로 10%뿐입니다. 72억 인구 가운데 57억 명에 해당됩니다. 나머지 90%(약 6,300개)의 소수종족과 15억 명의 사람들은 자기 말로 된 온전한 성경이 없습니다. 아직도 복음이 전해져야 할 소수종족이 많은 것입니다. 이슬람이나 공산권에는 성경이 있지만, 전도를 금지하므로 복음을 듣지 못한 실제 인구는 더 많을 것입니다. 온 세상에 복음이 전파되기 위해서는 아직도 복음이 담긴 성경과 성경으로 복음을 전하고 가르치는 선교사가 더 필요합니다. 예수님은 지금도 기다리십니다.

마지막 때에 성도는 어떻게 살아야 할까요?

새 하늘과 새 땅을 소망하며 삽시다

『하나님의 날이 임하기를 바라보고 간절히 사모하라』(벧후 3:12), 『우리는 그의 약속대로 의가 있는 곳인 새 하늘과 새 땅을 바라보도다』(벧후 3:13), 『그들이 이제는 더 나은 본향을 사모하니 곧 하늘에 있는 것이라 이러므로 하나님이 그들의 하나님이라 일컬음 받으심을 부끄러워하지 아니하시고 그들을 위하여 한 성을 예비하셨느니라』(히 11:16).

이 세상에는 죄와 사탄의 영향력이 있습니다. 예수님을 믿어 구원받은 하나님의 자녀들은 거룩합니다. 세상은 그러한 거룩한 사람들이 영원히 살 곳이 아닙니다. 예수님은 십자가 보혈로 씻어 구원받은 자기 백성을 새 하늘과 새 땅으로 데려가기 원하십니다. 아직 잃어버린 아브라함의 자손이 남아 있으므로 땅끝까지 복음이 전해져서 자기 백성이 다 구원받기를 기다리십니다. 선택받은 자들이 다 예수님을 믿으면 예수님이 다시 오셔서 성도들을 새 하늘과 새 땅으로 데려가실 것입니다. 거룩한 새 하늘과 새 땅에서만이 성도들이 완전히 영화롭게 되며 그리할 때 거룩하신 하나님께 합당한 존귀와 영광을 드려 하나님의 꿈이 완성될 것이기 때문입니다.

당신은 새 하늘과 새 땅을 소망하십니까?

해마다 8월이 되면 민족해방일인 광복절을 맞이하여 통일을 염원하는 마음으로 6.25 전쟁 때 흩어진 이산가족을 찾아 주는 행사를 하곤 했습니다. 월남한 자신을 청상과부로 기다려온 북한의 아내에게 엎드려 미안하다고 울부짖는 재혼한 남편, 90세의 몸으로 'ㅇㅇ아, 빨리 와' 하며 마지막 힘을 다해 아들의 이름을 부르시던 병상의 노모… 참으로 눈물 없이 볼 수 없었던 사연들, 그래서 그만큼 뜨거운 만남이었습니다. 험난한 반백년의 세월도 가족을 향한 그리움을 지울 수는 없었습니다. 그래서인지 가족과 만남에 대한 그분들의 갈망과 생에 대한 의지는 누구보다도 강했습니다. 그분들에게 살아야 하는 이유는 잃어버린 가족을 만나기 위해서였습니다. 그것은 '소망이 주는 힘'이었습니

비전을 찾는 그대에게

다. 다시 볼 수 있다는 소망이 평생의 걸음을 지탱케 하고 노병 중에도 생의 의욕을 준 것입니다. 아니, 그 만남을 손꼽아 기다리며 준비하게 해 온 것입니다. 이처럼 소망은 현재를 살아가는 이유를 제공하고 현재의 고난을 이기는 힘을 공급하며 미래를 준비하게 합니다.

그리스도인들에게도 소망이 있습니다. 그것은 『다시 오리라』(행 1:11)고 하신 신랑 예수님의 재림입니다. 주의 재림은 이산가족의 상봉보다 더 확실하고 통일보다 더 분명한 사실이며 일류호텔에서의 만남보다 더 영광된 만남이 될 것입니다.

그런데! 이 땅의 소망을 가진 저들의 모습을 보면서 하늘의 소망을 가진 제가 자꾸 부끄러운 것은 왜일까요? 나는 예수님의 재림을 고대하는가? 그 소망 때문에 현재의 고난을 믿음으로 이겨 내는가? 정결한 처녀같이 순전한 마음으로 신랑으로 오실 주님을 만날 준비를 하는가? 이산가족을 보며 자신에게 던지는 이 질문 앞에 자꾸 눈물만 나는 것은 왜일까요? 이산가족 상봉을 보며 한없이 울었습니다. 그들보다도 더 울었습니다. 『소망은 우리를 부끄럽게 하지 않습니다』(롬 5:5).

우리의 소망은 이 땅의 것에 있지 않습니다. 세상은 우리가 마음을 빼앗기거나 소망을 둘 곳이 아니라, 말씀으로 변화시켜야 할 사역의 현장입니다. 하나님의 꿈쟁이는 새 하늘과 새 땅을 소망하며 삽니다. 이 땅에서 성공보다 새 하늘과 새 땅에서 받을 상급을 바라보고, 그곳에서 주님과 만날 그날을 위해 살아갑니다.

"♬주님 다시 오실 때까지 나는 이 길을 가리라 좁은 문 좁은 길 나의 십자가 지고 나의 가는 이 길 끝에서 나는 주님을 보리라 영광의 내 주님 나를 맞아 주시리 ♩"

지금처럼 계속 산다면 이 길 끝에서 주님이 상을 들고 나를 맞이하시겠습니까? 아니면 롯처럼 부끄러운 구원을 받겠습니까? 아니면 세상을 사랑한 롯의 아내처럼 세상과 함께 심판을 받겠습니까?

예수님이 오심으로 하나님나라는 이미 시작되었습니다. 장차 예수님이 다시 오심으로 하나님나라는 새 하늘과 새 땅에서 완성될 것입니다. 우리는 예수님 안에서 '이미' 현재가 된 하나님나라와 '아직' 완성되지 않은 하나님나라 사이에서 살고 있습니다. 그러므로 깨어 완성될 그날을 소망하고 복음을 전하며 살아갑시다.

예수님의 꿈	성취 방법	교회의 사명
구원한 자기 백성을 새 하늘과 새 땅에 데려가는 것	자기 백성을 다 구원하시면 재림하셔서 새 하늘과 새 땅에 데려가 상을 주실 것	새 하늘과 새 땅을 소망하며 믿음을 지키고 이웃을 구원하기 위해 복음 전파

정리 및 요약

1. 새 하늘과 새 땅은

 a. 어떻게 만드시는가?

 b. 그곳에 없는 것은?

c. 하나님의 꿈과 관련하여 어떤 곳인가?

d. 그곳으로 언제 가는가?

2. 예수님께서 새 하늘과 새 땅에서 이루실 꿈을 생각할 때, 당신의 삶의 방향은 어떻게 달라져야 할까?

3. 천국과 낙원, 새 하늘과 새 땅의 구분이 우리의 종말론적 신앙과 소망에 어떤 영향을 미치는가?

4. 예수님의 재림이 언제인지 알 수 없지만, 그것이 '오늘'일 수도 있다고 믿는다면 지금 무엇을 해야 할까?

5. '주님 다시 오실 때까지 나는 이 길을 가리라'라는 고백을 진심으로 할 수 있는가? 이 고백은 당신에게 어떤 도전을 주는가?

6. 천당에 대한 소망으로 현재의 고난을 이겨 내거나 인내한 간증이 있으면 나누라.

7. 오늘 받은 은혜를 나누고 베드로후서 3장 9절을 암송하라.

4부

성령님이
이루어 가시는 꿈

9. 꿈을 실현하시는 성령님

『이는 힘으로 되지 아니하며 능력으로 되지 아니하고 오직 나의 영으로 되느니라』
(슥 4:6)

만물이 하나님을 '경배'하는 삼위 하나님의 꿈이 성취되려면 죄로 인해 타락한 인류와 세상이 온전히 회복되어야 합니다. 이를 위해 하나님은 '세상을 향한 문화'의 꿈과 '인류를 향한 구원'의 꿈을 가지고 계십니다.

누가 죄인 구원과 세상을 변화시키는 문화 사역을 주도할까요?

이 위대한 하나님의 꿈은 사람의 힘이나 지혜로는 이룰 수 없습니다. 오직 성령님만이 하실 수 있습니다(슥 4:6).

성령님은 누구신가?

하나님은 한 분이십니다. 한 분이신 하나님께서 성부와 성자와 성령의 세 인격으로 계십니다. 성부와 성자와 성령님은 각각 '본질과 속성이 동일하시고 권능과 영광이 동등'하시며 동시에 '각자의 인격을 가지신 하나님'[42]이십니다. 이 신비로운 관계를 '삼위일체 하나님'이라 고

---

42)   백금산 지음, 김종두 그림, 앞의 책, 62.

비전을 찾는 그대에게

백합니다. 보이는 창조 세계에는 비교할 만한 것이 없으므로 이해하기 어렵고 믿음으로만 알 수 있습니다.

성령님은 하나님이십니다.

성령님은 눈으로 볼 수 없지만 실재하시는 영이십니다. 또 거룩하시므로 죄와 결코 함께할 수 없습니다. 그래서 거룩한 영, 즉 성령(聖靈)입니다.

성령님은 하나님과 예수님이 우리에게 보내 주십니다(눅 11:13; 행 2:33). 그래서 하나님의 영(벧전 4:14) 또는 예수의 영(행 16:7)이라고 부릅니다(행 2:33).

성령님은 피조물을 지으시고 생명을 주신 창조주이십니다(창 1:2, 7). 또 예수 그리스도의 복음으로 죄인에게 구원을 실현하시는 분이십니다(요 3:5).

『오직 성령의 열매는 사랑과 희락과 화평과 오래 참음과 자비와 양선과 충성과 온유와 절제』(갈 5:22~23). 성령의 열매는 인격을 변화시키는 열매입니다. 인격의 열매를 맺으신다는 것은 성령님이 인격이시라는 증거입니다.

『성령 그가 너희에게 모든 것을 가르치고 내가 너희에게 말한 모든 것을

생각나게 하리라』(요 14:26). 성령님은 지성을 가지고 계십니다. 성령님만이 우리에게 진리를 가르치시는 참스승이십니다.

『**하나님의 성령을 근심하게 하지 말라**』(엡 4:30). 성령님은 감성을 가지고 계십니다. 친밀함을 통해 성령님과 함께 거룩한 정서를 나눌 수 있습니다.

『**예수의 영이 허락하지 아니하시는지라**』(행 16:7). 성령님은 의지가 있습니다. 성령님은 주권적인 의지로 하나님의 뜻을 이루어 가십니다.

이렇듯 성령 하나님은 완전한 인격이십니다. 우리와 인격적으로 교제하시며, 인격적으로 사역하십니다. 성령님은 우리를 로봇처럼 강제로 조종하거나 억지로 강요하지 않으십니다. 오히려 우리를 존중하시며 감동을 주셔서 자발적으로 믿게 하십니다. 깨달음과 확신을 주셔서 우리가 스스로의 의지로 순종할 수 있도록 인도하십니다.

또 성령님은 말씀으로 우리에게 가르치시고 감동을 주십니다. 그러나 그 감동에 의지적으로 순종하는 것은 전적으로 우리의 책임입니다. 우리가 인격적으로 자원하여 성령님의 인도하심에 순종할 때, 성령님은 기뻐하시고 사용하십니다.

성령님은 하나님의 꿈을 이루시는 분이십니다.

변화시키시는 문화 사역의 꿈을 이루십니다

성령님은 하나님의 뜻대로 모든 것을 변화시키십니다.

비전을 찾는 그대에게

a. 성도를 변화시키십니다

성령님은 구원받은 사람에게 문화 사역을 행하십니다. 예수 그리스도를 믿어 새사람이 되어도 아직 구원받기 전의 악한 사고방식과 나쁜 습관이 남아 있습니다. 그런데 성령님이 믿는 자 안에 거하시며(요 14:16~17) 새 마음을 창조하시고 하나님께서 보시기에 아름답도록 그 인격을 성화시키십니다(겔 36:26~27). 옛 습관을 버리고 경건한 습관을 새롭게 갖도록 거룩한 영향력으로 역사하십니다. 그래서 예수님을 믿고 나면 사람이 변합니다. 하나님의 형상이 회복됩니다. 예수님을 닮아 갑니다. 성령의 열매를 맺는 거룩한 성품으로 변화되어 갑니다.

초신자 시절, '10분 스피치' 시간에 청년들 앞에서 했던 말입니다.

"저는 오늘이 주님께로 돌아온 지 4주째 되는 날입니다. 그런데 제 안에서 놀라운 일들이 일어나고 있습니다.

첫 번째는 '감사하는 마음'이 생긴 것입니다. 교회에 나오기 전에는 하루에 한 번도 '감사'라는 말을 사용하지 않았습니다. 그런데 이상하게도 교회에 나온 이후로는 너무나 자연스럽게, 하루에도 수십 번씩 '감사합니다'라는 말이 제 입에서 나옵니다.

두 번째는 '용서하는 마음'이 생긴 것입니다. 저는 가정의 어려움 속에서도 부모님을 이해하고, 가족에게 사랑만 가지고 있다고 생각해 왔습니다. 그런데 교회에 다니면서 제 마음 깊은 곳에서 부모님을 용서하라는 강한 감동이 일어났습니다. 반드시 그래야 하는 것처럼 강요합니다. 처음에는 '감히 부모님을 용서하다니, 이건 불효 아닌가' 하는 생각도 들었습니다. 하지만 제 마음 깊숙한 곳에서는 부모님을 원망하는 자신을 발견할 수 있었습니다. 그래서 부모님께 직접 '용서합니다'라고 말할 수는 없으니 기도하면서 혼자 용서를 했습니다. 그리고 부모님이 나를 낳아 주신 것만으로도 평생 갚지 못할 은혜임을 깨달아 부모님께 감사의 큰절을 드렸습니다.

세 번째는 '사랑하는 마음'이 생긴 것입니다. 저는 '사랑해'라는 말을 들어 본 적도, 해 본 적도 거의 없었습니다. 그런데 지금은 '주의 이름으로 당신을 사랑합니다'라고 말할 수 있습니다. 이 말은 거짓이나 계산이나 꿍꿍이가 전혀 없는 진실된 제 마음의 고백입니다. 그래서 이 말을 할 때마다 자신을 보고 스스로 놀랍니다.

이 세 가지(감사, 용서, 사랑)는 예수님을 믿기 전에는 저에게 전혀 없던 것들입니다. 그래서 아직도 낯설고 쑥스럽지만, 분명한 사실은 제 안에 감사와 용서, 그리고 사랑이 생겼다는 것입니다. 그리고 이러한 사실에 저는 놀라고, 감사할 뿐입니다."

이처럼 성령님이 우리 안에서 우리를 선하게 변화시키십니다. 죄 된 생각으로 가득했던 마음을 거룩한 생각으로 변화시키십니다. 이기적인 사람도 다른 사람을 먼저 배려할 줄 아는 사랑의 사람으로 변화시키십니다. 욕을 하던 입술을 찬양하고 축복하는 입술로 변화시키십니다. 굳었던 우리 얼굴을 평강과 온유와 기쁨이 넘쳐나도록 변화시키십니다. 죄악으로 물들었던 우리 몸을 하나님의 성전답게 거룩하게 변화시키십니다. 거룩한 진리의 말씀으로 변화시키십니다. 우리 안에 일어난 모든 거룩한 변화는 성령님의 작품입니다.

비전을 찾는 그대에게

b. 변화된 성도를 통해 세상을 변화시키십니다

『태초에 하나님이 천지를 창조하시니라 땅이 혼돈하고 공허하며 흑암이 깊음 위에 있고 하나님의 영은 수면 위에 운행하시니라』(창 1:1~2). 창조의 첫날에는 천지와 빛이 창조되었지만 아직은 혼돈했습니다. 재료는 있으나 건물 짓기 전의 땅과 같이 질서가 안 잡히고 어지러웠습니다. 그러한 자연을 이토록 조화롭고 질서 있게 인테리어하신 분이 성령님이십니다. 인간을 지으시기 전에는 성령님이 친히 하나님의 뜻대로 세상을 가꾸셨습니다. 그래서 『주의 영을 보내어 그들을 창조하사 지면을 새롭게 하시나이다』(시 104:30)라고 했습니다. 그래서 세상이 아름다운 것입니다.

그러나 인간을 지으시고 나서는 사람을 통해 세상을 변화시키십니다. 인간을 문화 사역자로 세우시고 세상을 맡기신 성령님은 구원받은 성도들 안에 거하시면서 그들을 변화시키시고 변화된 성도를 통해서 세상을 바꾸어 가십니다. 그러므로 우리가 사는 가정과 학교와 직장과 사회의 문화를 선하게 바꾸어야 합니다.

제가 교회에 나간 지 1년 반쯤 되었을 때, 믿는 기업에 입사했습니다. 그런데 출근 첫날에 신입사원 환영 회식을 하며 술을 마셨습니다. 저는 끝까지 거부하고 콜라로 건배했습니다.

한 달 후, 회식을 앞두고 제가 직원회의 시간에 건의했습니다. "우리는 믿는 기업이고 성도들이니 술을 마시지 말고 뷔페로 갑시다. 직원

가족들도 초빙해서 서로 인사도 나누고 가족들이 외식하는 시간이 되게 합시다."(30년 전에는 특별한 행사가 아니면 뷔페에 가는 일이 드물었고, 가족 외식도 흔한 일이 아니었습니다.) 감사하게도 제 제안이 받아들여져서 우리 회사는 매월 회식을 뷔페에서 가족과 함께 했습니다. 이처럼 작은 실천을 통해 문화를 선하게 바꾸어 가는 것이 '문화 사역'입니다. 구원받은 성도는 세상을 변화시키는 빛과 소금이며, 성령님의 도구입니다.

현대 세상을 지배하는 문화 중 하나가 타락한 성문화입니다. 학생인권조례를 통해 청소년의 성적 자유가 강조되고, 연애는 하되 결혼을 기피하며, 결혼해도 자녀를 낳지 않는 현상이 만연합니다. 간통법 폐지로 외도와 이혼율이 높아지고, 동성애자가 늘고 있습니다. 이러한 성적 방탕과 성 정체성의 혼란으로 가정과 교회와 사회가 위기를 맞고 있습니다.

이러한 악한 문화에 대해 성도는 어떻게 대처해야 할까요?

노아가 당대에 완전한 의인으로 믿음을 인정받은 것은 교회와 세상에 만연한 일부다처와 폭력문화를 멀리하고 하나님의 말씀에 순종하여 일부일처제를 지켰기 때문입니다(창 6장). 우리도 성경이 가르치는 대로 경건한 가정과 성문화를 세워 가야 합니다. 성관계는 남편과 아내만이 가능하므로 청소년과 미혼 청년들은 믿음으로 순결을 지켜야 합니다. 혼자 사는 것이 보기에 좋지 않다며 하나님께서 결혼을 제정하셨으니(창 2:8) 청년은 믿음으로 신자와 결혼해야 합니다. 생육·번

비전을 찾는 그대에게

성·충만하라는 말씀에 순종하여 부부는 믿음으로 자녀를 많이 낳아야 합니다. 주의 교양과 훈계로 양육하라고 했으니 부모는 가정 예배와 경건 문화로 자녀를 교육해야 합니다(엡 6:4; 신 6:7). 배우자는 하나님께서 주신 짝이므로 나누지 못한다고 하셨으니(마 19:6) 평생 사랑하며 해로해야 합니다. 경건하고 건전한 가정문화를 만들고 누리며 확산, 계승해야 합니다. 이렇게 살도록 교회가 가르쳐야 합니다. 예수 신앙으로 세상의 악한 문화를 거슬러 선하게 사는 성도가 이 시대의 노아입니다.

죄인을 구원하는 꿈을 이루십니다

성령님은 자기 백성을 구원하십니다.

a. 복음을 전하게 하심으로

아무리 교회에서 전도하라고 해도 전도할 마음이 생기지 않거나, 다른 일은 두렵지 않은 데 막상 전도만 하려고 하면 두려워서 말이 나오지 않는 경우를 경험해 본 적이 있을 것입니다. 왜 그럴까요? 전도는 죽은 영혼을 살리기 위한 사탄과의 영적 전투이기 때문에 두려움이 있습니다. 비신자를 불쌍히 여기는 사랑의 마음이나 전도하려는 거룩한 용기는 성령님이 주십니다(행 1:8).

『성령이 이르시되 내가 불러 시키는 일을 위하여 바나바와 사울을 따로 세우라 하시니 이에 금식하며 기도하고 두 사람에게 안수하여 보내니라 … 두 사람이 성령의 보내심을 받아 … 가서 … 이르러 하나님의 말씀을 … 전할새』(행 13:1~5). 성령님은 기도하게 하셔서 권능으로 무장시키신 전도자를 보내어 복음을 전하게 하심으로 구원하십니다.

b. 복음을 믿게 하심으로

전도자가 주님을 사랑하는 마음과 복음에 대한 확신으로 기도하며 영혼을 구원하려는 간절한 열망으로 나가 복음을 전할 때 성령님은 준비된 사람을 만나게 하십니다. 그리고 복음을 들을 때 듣는 자에게 역사하셔서 믿음을 주십니다. 예수 복음은 사람의 지식으로는 깨달아지지 않습니다. 오직 성령님이 가르쳐 주셔야만 믿어집니다.

성령님께서 우리를 구원하시는 과정을 보면, 『진리의 성령이 오시면 그가 너희를 모든 진리 가운데로 인도하시리니』(요 16:13). 성령님은 진리인 성경을 가르치셔서 구속의 진리를 깨닫게 하십니다.

『보혜사 곧 아버지께로부터 나오시는 진리의 성령이 오실 때에 그가 나를 증언하실 것이요』(요 15:26). 성령님은 예수님이 성취하신 복음을 증언하시어 예수님을 믿게 하십니다.

『성령으로 아니하고는 누구든지 예수를 주시라 할 수 없느니라』(고전 12:3). 예수님을 구주로 신앙고백하게 하십니다.

『예수께서 대답하시되 진실로 진실로 네게 이르노니 사람이 물과 성령

비전을 찾는 그대에게

으로 나지 아니하면 하나님의 나라에 들어갈 수 없느니라』(요 3:5). 영적으로 다시 태어나게 하시어 하나님나라에 참여하게 하십니다.

『그 안에서 너희도 진리의 말씀 곧 구원의 복음을 듣고, 그 안에서 또한 믿어, 약속의 성령으로 인치심을 받았으니』(엡 1:13). 성령님은 복음을 듣고 믿는 자들에게 구원의 사인을 하십니다(엡 4:30; 행 16:14 참조; 계 7:3~14; 겔 9장).

전도자를 보내는 것도 성령님이 파송하시고, 만나게 하는 것도 성령님이 인도하시는 것이며, 복음을 전하는 것도 성령님이 권능을 주시는 것이고, 듣는 자의 마음에 구원 얻는 깨달음과 믿음을 주시는 것도 성령님의 역사입니다. 이처럼 구원은 성령님이 주권적으로 이루어 가십니다.

예배자가 되게 하십니다

『우리에게 주신 성령으로 말미암아 하나님의 사랑이 우리 마음에 부은 바 됨이니』(롬 5:5). 성령님은 거듭난 우리의 마음에 하나님의 사랑을 부어 주십니다. 십자가에 새겨진 하나님의 사랑을 경험적으로 알게 하십니다(롬 5:8). 그 사랑에 감복하여 하나님을 전심으로 사랑하게 하십니다. 하나님 사랑의 포로가 되어 하나님께 예배하는 것이 큰 기쁨이 되게 하십니다. 우리의 삶과 인격을 거룩하게 변화시켜 예배적 삶이 되게 하시므로 우리를 향한 하나님의 꿈을 이루십니다. 그리하여 구원받은 성도가 하나님의 꿈을 위해 살게 하십니다.

어느 날 누나 친구의 아들이 저에게 "삼촌, 우리 엄마가 교회에 나가더니 천사가 되었어요"라고 했습니다. 제가 "어떻게?" 하고 묻자, "엄마가 전에는 밥을 먹지 않으면 '밥 묵으라 문디 자슥아, 안 묵을라면 치아뿌라!'라고 했는데 교회에 다닌 후에는 부드럽게 웃으면서 '밥 묵으세요'라고 해요."라는 것이었습니다. 며칠 후 그 누님이 저를 초대하여 가정 예배를 드렸습니다. 누님은 아이같이 순전한 미소와 감격에 찬 눈물로 저를 예수님처럼 바라보며 예배하였습니다. 별명이 '검딩이'였던 누님의 얼굴이 안에서부터 빛이 나는 것처럼 환했습니다.

성령님이 당신을 구원하시고 예배자로 변화시키셨습니까?

처음 창조 때 사람에게 생명을 부여하신 성령님은(창 2:7) 죄로 죽은 믿는 자들의 영혼을 다시 살리십니다(요 3:3; 롬 8:2). 예수 그리스도 안에서 구원받은 하나님의 백성으로 재창조하십니다.

처음 창조 때 세상을 아름답게 인테리어하신 성령님은 성도의 인격과 삶을 예수님을 닮도록 거룩하게 변화시키십니다. 성령님은 주권적으로 죽은 영혼을 살리고 성품을 선하게 변화시키며 하나님을 예배하게 하십니다. 하나님의 영광을 위해 살게 하십니다. 그 사람에게서 하나님의 꿈이 이루어지게 하십니다. 성령님은 하나님의 꿈을 이 땅에서 실현하시는 분이십니다.

성령님은 지금도 내 안에서 인격적으로 역사하시어 일상에서 하나님의 꿈을 이루어 가십니다. 하나님의 꿈을 섬기려는 비전을 가지십시오. 하나님 앞에 나아올 때는 주님을 만나 '변화되기 위해' 나오십시오. 성령님이 주의 말씀대로 변화시켜 주시기를 사모하며 예배하십시오. 세상으로 나아갈 때는 복음으로 사람을 변화시키고 거룩한 영향력으로 세상을 '변화시키기 위해' 나아가십시오. 성령께서 당신을 살리고 변화시키는 귀한 도구로 사용하실 것입니다.

성령님의 꿈	문화 사역의 꿈	구원사역의 꿈	성령님의 꿈을 위하여!
구원하고 변화시켜 예배자가 되게 하는 것	성도를 변화시키심 변화된 성도를 통해 세상을 변화시키심	전도자와 듣는 자를 만나게 하심 전도자가 복음을 전하게 하심 듣는 자가 믿게 하시어 구원하심	성령님의 인도에 순종하라 내가 먼저 변화되어 세상을 변화시키라 복음을 전하라

정리 및 요약

1. 성령님은 죄인을 (   )하고 거룩하게 (   )시켜
   (   )가 되게 하시어 하나님의 꿈을 이루신다.

2. 성령께서 나의 성품과 습관을 어떻게 변화시켰는가? 지금 변화되
   길 바라는 부분은 무엇인가?

3. 당신은 어떤 방식으로 세상을 선하게 바꾸는 문화사역에 동참하
   고 있는가?

4. 내가 속한 공동체에 선한 변화가 필요한 부분은 무엇인가? 어떻게
   변화시키겠는가?

5. 성령님의 인도하심으로 누군가에게 복음을 전했던 경험이 있다면
   나누어 보라.

6. 지금도 성령님이 내 안에서 일하신다고 느끼는 순간은 언제인가?
   그때 나의 반응과 결과는 어떠했나? 그 일을 통해 성령님에 대해
   배운 것은 무엇인가?

7. 오늘 받은 은혜를 나누고 스가랴 4장 6절을 암송하라.

비전을 찾는 그대에게

10. 우리를 사용하시는 성령님

『너희 안에서 행하시는 이는 하나님이시니 자기의 기쁘신 뜻을 위하여 너희에게 소원을 두고 행하게 하시나니』(빌 2:13)

성령님은 보이지 않지만, 오늘도 우리 안에서, 우리와 함께, 우리를 통해 일하십니다. 그분은 이 땅 위에 예수 그리스도의 몸 된 교회를 세우셨고, 이제는 그 교회를 통해 하나님의 꿈을 이루어 가십니다.

교회는 예수님을 믿는 성도들의 공동체입니다(고전 1:1). 이 공동체 안에서 성령님은 우리 한 사람 한 사람을 하나님의 뜻에 따라 귀하게 사용하십니다. 성령님은 우리의 마음에 소원을 주시고(빌 2:13), 봉사하게 하시므로, 공동체를 세워 가게 하십니다.

성령님은 우리를 통해 어떻게 하나님의 꿈을 이루어 가실까요?

교회에서 봉사하도록 은사를 주십니다

교회는 하나님을 예배하며 복음 전파와 문화 사역을 주도하는 역사의 주인공으로서, 성령님이 친히 세우신 예수 신앙공동체입니다. 하나님은 교회를 통해 복음을 전하여 죄인을 구원하시며, 교회를 통해 세상과 역사를 변화시키시고 다스리십니다. 교회가 복의 통로입니다. 이런 거룩한 사역을 위해 교회에서 봉사할 수 있도록 성령님이 성도에게 선물로 주시는 능력을 '은사'라고 부릅니다.

a. 은사는 성령님이 주권적인 은혜로 베푸시는 다양한 영적 선물입니다

『모든 일(은사)은 한 성령이 행하사 그의 뜻대로 … 나누어 주』(고전 12:4~11)십니다. 은사(카리스마, gifts, 선물)는 한 분 성령님이 그분의 뜻대로 나누어 주십니다. 은사를 받는 내가 잘나서 주신 것이 아니고 은사를 주시는 성령님이 주권적으로 값없이 나누어 주시는 선물입니다. 그러므로 은사를 받았다고 해서 자신을 자랑할 것이 전혀 없습니다. 오직 은사를 주신 하나님께만 감사와 영광을 돌려야 마땅합니다.

은사의 종류는 다양합니다. 로마서 12장 6절부터 8절에 일곱 가지 은사가 나옵니다. 하나님의 말씀을 쉽게 풀어서 설교하는 '예언의 은사'와 '가르치는 은사', 고통당하는 자들을 불쌍히 여기는 '긍휼의 은사'와 사랑으로 따뜻하게 '위로하는 은사', 타인을 돕기 위해 물질을 기꺼이 사용하는 '구제의 은사', 매사에 다른 사람을 먼저 배려하고 겸손히 자신을 희생하는 '섬김의 은사', 공동체를 질서 있게 이끌어가는 '다스림의 은사'가 있습니다. 고린도전서 12장 8절부터 10절에는 아홉 가지 은사가 나옵니다. 하나님의 말씀을 깨닫는 '지식의 은사'와 그것을 삶에 적용하는 '지혜의 말씀의 은사', 하나님의 말씀을 신뢰하고 위대한 일에 도전하는 '믿음의 은사', 예수님의 이름으로 '병을 고치는 은사',[43] '능력 행하는 은사', 하나님의 말씀을 설교하는 '예언의 은사', 성령인지 악령인지를 분별하는 '영 분별의 은사', '방언의 은사', '방언 통역의 은사'가 그것입니다.

은사에 대한 오해가 있습니다.

방언을 못 하면 구원받지 못했거나 성령 받지 못한 것으로 생각하는 것은 오해입니다. 성령을 받은 증거는 예수님이 믿어지는 것입니다. 예수님을 믿으면 은사를 받지 못해도 구원받습니다. 은사는 구원과는 직접적인 관계가 없습니다.

예언의 은사가 사람의 미래를 알아맞히는 것이라고 오해하는 사람도 있습니다. 예언의 은사는 하나님을 대신하여 하나님의 말씀을 전하는 것으로 '대언'이라고도 합니다. 구약에서는 선지자에게 사용된 단어입니다. 예언의 은사라고 하는 이유는 성령의 감동을 받아 말하기 때문이고, 성경의 내용 자체가 과거와 현재와 미래의 일을 담고 있기 때문이며, 성령의 감동으로 기록된 성경을 해석하는 사역이기 때문입니다. 따라서 고린도전서 12장에 나오는 예언은 하나님의 말씀인 성경을 쉽게 풀어서 전하는 '설교의 은사'입니다. 예언의 은사를 받았다며 개

---

43) "예수님과 사도들의 신유는 할 때마다 즉각적이고 완치였으나 현대에 볼 수 있는 치유 사례는 그렇지 못하므로 신유의 은사가 아니라 기도 응답이라고 봐야 한다." 빈센트 에드먼즈·고든 스코러 지음, 신재구 옮김, 『진정한 신유』 생명의말씀사, 1983, 166.
기도응답이므로 우리는 즉시 응답되지 않아도 계속 기도할 수 있다(필자 주).

인의 미래를 알 수 있다고 말하는 것은 온 우주를 통치하시는 하나님을 한낱 피조물의 호기심이나 채워주는 종으로 격하시키는 무례입니다. 또 예언의 은사를 받았다는 사람에게 기도 받으러 다니는 것은 기독교를 미신으로 만드는 부끄러운 행위입니다. 『사람이 장래 일을 알지 못하나니 장래 일을 가르칠 자가 누구이랴』(전 8:7 참조. 8:17, 3:11). 기독교에는 점쟁이가 없습니다.

영 분별의 은사도 오해가 많습니다. '성령님, 자장면을 먹을까요? 짬뽕을 먹을까요? 숟가락으로 먹을까요? 젓가락으로 먹을까요?'라고 기도한다는 사람을 만난 적이 있는데 자신은 범사에 성령의 인도를 받기 때문에 완벽하다고 주장했습니다. 범사에 성령의 인도를 따르려는 마음은 이해가 되지만, 성령의 인도를 오해한 무지에서 나온 어리석음입니다. 숟가락이나 젓가락으로 먹는 것은 영의 문제가 아니라 육의 문제입니다. 따라서 영 분별이 필요하지 않습니다.

성령님은 우리 안에서 우리를 인도하실 때 모든 일을 초자연적으로 응답하셔서 지도하시지 않습니다. 음식을 주문할 때는 식당의 메뉴와 자신의 건강과 취향과 경제적인 형편과 당시의 분위기와 함께 먹는 사람 등을 고려해서 자신이 먹고 싶은 것으로 주문하면 됩니다. 숟가락과 젓가락 중에 편한 것으로 먹으면 됩니다. 이성과 상식도 성령님의 인도하시는 방법입니다.

b. 모든 성도에게 은사를 다르게 주셨습니다

비전을 찾는 그대에게

『각 사람에게 성령을 나타내심은』(고전 12:7), 『이 모든 일(은사)은 한 성령이 행하사 그의 뜻대로 나누어 주시는 것이니라』(고전 12:11). 성령님은 모든 성도에게 은사를 주십니다. 특별히 우리 교회에 꼭 필요한 은사를 우리 교회 성도들에게 골고루 나누어 주시어, 모든 지체가 봉사하므로 함께 그리스도의 몸 된 교회를 세워 가게 하십니다.

하지만 성령님이 주시는 은사는 개인마다 다릅니다. 『우리에게 주신 은혜대로 받은 은사가 각각 다르니』(롬 12:6). 성령님은 우리 각자를 가장 잘 아시기에 우리에게 필요하고 우리가 가장 잘할 수 있는 은사를 주십니다. 그러므로 다른 성도가 받은 은사와 내가 받은 은사를 비교하거나, 다른 성도를 시기할 필요가 없습니다.

은사를 받으려면 어떻게 해야 할까요?

- 은사는 성령님이 주시는 선물이므로 특별한 자격이 필요하지 않습니다. 오직 성령님은 그 은사를 간절히 사모하는 자에게(고전 12:31),[44] 그리고 교회의 유익을 위해(고전 12:7) 봉사하려는 자에게 선물하십니다(고전 12:25). 은사를 받고 싶습니까? 교회에서 봉사하려는 겸손하고 간절한 마음으로 간구하십시오.
- 보이는 은사만이 아니라 보이지 않는 은사도 구하십시오. 방언, 능력 행함 같은 은사들은 눈에 보이는 은사입니다. 그러나 보이지 않는 섬김과 사랑, 리더십, 긍휼, 그리고 구제도 은사입니다.

---

44) "은사는 하나님의 주권적인 은혜이지만, 하나님은 그 수혜자의 원함과 기도를 통해 수여하신다." 박영돈, 『성령충만, 실패한 이들을 위한 은혜』, SFC, 2011, 288.

당신은 보이는 은사와 보이지 않는 은사 가운데 어떤 은사가 더 귀하다고 생각하고 구합니까?

보이는 은사는 사람들이 알아줍니다. 그래서 성도들이 눈에 보이는 은사를 더 가치 있게 생각하고 구하는 경향이 있습니다. 그러나 마태복음 6장에 의하면, 사람들에게 인정과 칭찬을 받으면 하나님께서 주실 상이 없습니다. 눈에 보이지 않는 은사는 눈에 띄지 않으므로 잘 구하지 않는 경향이 있지만, 사람들이 몰라주기에 오히려 주님이 더 알아주시고 상을 더 주실 것입니다.

• 개인의 유익보다 교회의 덕을 세우는 데 요긴한 은사를 구하십시오. '은사를 주신 목적은 교회를 유익하게 하기 위함'입니다(고전 12:7). 따라서 『더욱 큰 은사를 사모하라』(고전 12:31)는 말씀은 교회에 덕을 세우는 데 필수적인 은사를 우선적으로 구하라는 의미[45]입니다.

• 성령의 은사만이 아니라 성령의 열매와 권능도 구하십시오. 성령님이 우리에게 베푸시는 선물은 많습니다. 은사도 주시고(고전 12:11), 성령의 열매도 주시며(갈 5:22), 권능도 주십니다(행 1:8). 은사가 봉사하라고 주신 '사역적 탁월함'이라면, 열매는 '인격의 성숙'한 변화이며, 권능은 고난 속에서도 복음 전하기를 두려워하지 않는 '신령한 용기'입니다. 이 모든 것은 사명을 감당하도록 주신 성령의 귀한 선물들이니, 주저하지 말고 모두 구하십시오. 더 귀하게 쓰임 받을 것입니다.

---

45) 위의 책, 290.

성도에게 주시는 성령의 선물			
종류	권능	열매	은사
의미	신령한 용기	성숙한 인격	탁월한 사역
방법	예수님 영접 기도	성령의 내주 순종	간절히 사모 간구
목적	전도	주님 닮은 삶	교회 봉사

은사를 받았는지 어떻게 알 수 있을까요?

성령님이 나에게 은사를 주시면 성령님의 뜻대로 사용하고 싶은 강렬한 열정이 마음속에서 일어납니다.

받은 은사를 어떻게 사용하는 것이 성령님의 뜻일까요?

c. 은사는 교회를 세우기 위해 서로 봉사하라고 주셨습니다

『각 사람에게 성령을 나타내심은 주심은 유익하게 하려 하심이라』(고전 12:7), 『여러 지체가 서로 같이하여 돌보게 하셨느니라』(고전 12:25), 『성도를 온전케 하며 봉사의 일을 하게하며 그리스도의 몸을 세우려 하심이라』(엡 4:12). '은사는 교회의 유익을 위해 주신 선물[46]'입니다. 다른 성도를 섬김으로 주님의 몸 된 교회를 세워 가도록 봉사하라고 주신 것입니다. 은사를 받으면 공동체에서 봉사하고 싶은 열정이 생깁니다. 다른 성도를 돕고 싶은 열망이 일어납니다. 교회를 세우는 일에 유익

---

46) 박영선, 『성령론』, 크리스챤서적, 1993, 152.

하고 싶은 소원이 생겨, 사랑으로 겸손히 헌신합니다. 그렇게 교회에서 봉사할 때, 자신의 신앙이 더욱 성숙해지고, 지체들이 위로를 받으며, 교회가 성장하여, 하나님나라가 확장됩니다.

한편, 은사는 영원히 주어진 것이 아닙니다. 은사를 잘못 사용하거나 사용하지 않으면 거두어 가시거나 징계를 받을 수도 있습니다.

- 자기가 영광을 받으려는 교만으로 사람들에게 자랑하는 경우입니다.
- 남과 비교하여 자기와 같은 은사를 받지 못한 성도를 믿음 없다고 정죄하거나 자기의 믿음이 좋다고 착각하는 경우입니다.
- 자기가 받지 못한 은사를 받은 성도를 시기, 질투하는 것도 성령님에게 책망받을 악입니다.
- 은사는 그 교회를 세워 가는 데 유익하라고 주신 것이므로 교회를 옮길 경우 은사가 사라질 수도 있습니다. 반대로 옮긴 교회에서 봉사하라고 그 교회에 필요한 은사를 새로이 주실 수도 있습니다.

은사를 받으면 어떻게 해야 할까요?

- 먼저 성경으로 검증하되 교역자의 지도를 받으십시오. 사탄도 은사를 줄 수 있습니다.
- 선물을 주신 하나님께 감사하며 겸손을 위해 기도하십시오.

비전을 찾는 그대에게

- 내게 주신 은사로 교회를 어떻게 섬길 것인가를 기도하며 봉사하십시오.
- 『누구든지 자기의 유익을 구하지 말고 남의 유익을 구하라』(고전 10:24)라고 했으니 다른 성도를 어떻게 도울까 연구하십시오.
- 은사를 사용하는 가장 좋은 길은 사랑입니다(고전 12:31). 고린도 교회는 은사를 서로 비교경쟁하며 자랑하다 분열되었습니다. 기회를 따라 '사랑으로'(고전 13장) 도우십시오.
- 『모든 것을 덕을 세우기 위하여 하라』(고전 14:26)라고 했으니 나의 은사적 활동이 보고 듣는 자에게 덕을 끼치도록 『모든 것을 품위 있게 하고 질서 있게』(고전 14:40) 하십시오.

김해중앙교회 고등부 수련회에 강사로 갔을 때의 일입니다. 첫날 십자가를 전하고 기도회를 인도했습니다. 제가 학생들의 기도제목을 미리 받아서 기도회시간에 이름들을 불러가며 기도를 했는데 어떤 학생의 이름을 부를 때 그 학생에게서 방언이 터졌습니다. 저는 전혀 의도하지도, 구하지도 않았는데 말입니다. 나중에 알고 보니 그 학생이 방언을 많이 사모했다고 했습니다.

이처럼 은사는 사모하는 심령에 성령님께서 은혜로 주시는 선물입니다.

세상에서 봉사하도록 재능을 주십니다

우리 안에 계신 성령님은 우리가 세상에서 빛과 소금의 역할을 감당할 수 있도록 재능이라는 선물도 주십니다.

a. 재능은 내가 잘하는 것 중 가장 잘하는 것입니다

재능은 '탁월함'입니다. 그런데 재능은 다른 사람과 비교해서 탁월함을 말하는 것이 아니라, '나에게 있는 것 중에서 탁월한 것'을 말합니다. 그러므로 타인의 재능과 비교할 필요가 없습니다.

재능은 왜 주실까요?

일하라고 주십니다. 재능에 맞는 학과를 선택하고 재능에 맞는 직업을 가져야 합니다. 막상 힘겹게 대학에 들어가고 직장에 들어갔는데 맞지 않는다고 편입하거나 직장을 옮기는 이유는 재능에 맞지 않기 때문입니다. 그러므로 나의 재능을 찾는 것이 중요합니다.

b. 재능을 발견하면 꿈과 열정이 생깁니다

성령님은 나에게 재능 있는 부분에 '지속적인 관심'을 가지게 하십니다. 열정과 재미를 주십니다. 해 보면 '잘합니다. 효율적입니다. 빨리 배웁니다. 실력자가 되게 하십니다. '내면에 기쁨과 보람'이 생깁니다. 삶을 투자해도 되겠다는 가치와 긍지가 느껴집니다. 외적으로도 '타인

비전을 찾는 그대에게

들이 인정'해 줍니다. 이렇게 재능은 '호기심이 가는 것, 잘하는 것, 가치를 느끼는 것, 남들이 인정해 주는 것'입니다. 재능을 발견하면 지속적인 관심이 가니까 열정이 생깁니다. 잘하니까 꿈이 생깁니다. 자부심이 생기니까 평생 그 일을 하고 싶어집니다. 재능을 발견하면 열정이 생기고 꿈이 생깁니다. 그래서 재능이 중요합니다.

c. 재능을 찾고 계발하는 방법

성령님이 나에게 주신 재능을 찾는 방법은 '지속적으로 관심이 가는일을 해 보는 것'입니다. 경험해 보지 않은 일이라도 부딪쳐 도전하는것입니다. 해 보아야 잘하는지를 알 수 있기 때문입니다. 인생에서, 특히 청소년기 때의 큰 과제 중의 하나는 자신의 재능을 발견하는 것입니다. 대학은 발견한 재능을 계발하기 위해서 가는 것입니다. 그런데 자기 재능과는 관계없이 성적순으로 명문대학, 인기 학과에만 들어가려고 합니다. 그러다 자기 재능과 맞지 않으니까 휴학합니다. 자기 재능이 아닌 분야에서는 관심도 식고 잘하지도 못해서 힘들기 때문입니다.

재능을 찾았습니까?

재능을 발견한 것은 원석을 발견한 것입니다. 하지만 원석은 그 자체로는 아직 쓸모가 없습니다. 그것을 제련해야만 귀한 다이아몬드가 될수 있습니다. 원석을 다이아몬드로 만들기 위해서는 먼저 만들려는 크기로 절단하고 그 안에 섞인 불순물을 제거합니다. 모양을 둥글게 깎고 다른 다이아몬드와 문질러서 원형으로 만듭니다. 광택을 냅니다. 다이아몬드는 크기, 색깔, 투명도, 대칭, 비율, 광채에 따라 등급이 나누어지기 때문에 과정마다 전문가가 세심하고 정밀하게 작업합니다. 절단하고 제거하고 깎아 내고 문지르는 과정은 죽을 만큼 고통스럽습니다. 하지만 이것을 견뎌 내야만 다이아몬드라는 보석이 될 수 있습니다.

재능 계발은 원석인 나를 다이아몬드로 연마하는 과정이라고 할 수 있습니다. 내 안에 있는 불순물을 절단하고 제거해야 합니다. 죄와 나쁜 습관, 게으름, 고집, 시기, 허영, 사치, 교만 등을 끊어 내야 합니다.

당신 안에서 열정을 주시는 성령님의 인도를 따라 관심이 가는 분야에 자꾸 도전하십시오. 관심이 금방 식으면 그것은 재능이 아닙니다. 그러나 관심이 계속 간다면 포기하지 말고 더 노력하십시오. 재능은 단기간에나 저절로 계발되지 않습니다. 탁월한 실력을 갖추려면 인내하며 남이 모르는 땀을 쏟아야 합니다. 실력을 쌓아야 합니다. 끊임없이 배우십시오. 책을 읽고 질문하고 대화하고 토론하고 연구하십시오. 배운 것을 산지식이 되도록 실천하십시오. 자긍심을 느낄 수 있도록 그 실력으로 봉사하십시오. 나와 같은 재능이 없는 이웃에게 내가 가진 재능으로 도와주십시오.

자녀의 재능은 부모가 찾아 주어야 합니다. 자녀들이 이거 해 보고 금방 싫증을 내며 저거 해 보고 싶다고 해도 혼내지 마시고 자꾸 해 보라고 지원해 주십시오. 그것은 자기의 재능을 찾기 위해 탐색하는 것입니다.

비전을 찾는 그대에게

재능을 만나면 눈이 반짝입니다. 마음에 유레카의 불꽃이 일어납니다. 그런데 그 순간을 부모가 놓치지 말아야 합니다. 알아주어야 합니다. 기뻐하며 격려해 주어야 합니다. 자녀가 경이로움을 느낄 때 그 분야에 지식을 쌓을 수 있도록 기회를 만들어 주십시오. 부모가 신앙 다음으로 자녀에게 줄 최고의 선물은 자녀의 재능을 발견하고 계발해 주는 것입니다.

어느 날 딸이 "엄마, 내가 소설을 썼어요" 하고 가져왔는데 아내가 "그래" 하고 지나쳤습니다. 그러자 딸이 글 쓰는 것을 멈추었습니다. 1년쯤 지나서 딸이 화가 나 있었는데 라디오에서 나오는 클래식을 듣더니 갑자기 놀라며 "엄마, 이 곡 이름이 뭐예요? 이 곡을 듣는데 마음의 화가 풀려요"라고 했습니다. 딸이 음악과 교감한다는 걸 발견하고는 클래식을 들려주었습니다. 그 후 얼마 되지 않아 딸에게서 곡이 나왔습니다. 우리 부부는 크게 기뻐하며 아낌없이 칭찬해 주었습니다. 그러자 딸이 용기를 내어 작곡하기 시작했습니다. 제가 "은진아, 유튜브에 올리자. 아빠 생각에는 20곡쯤 올리면 어디선가 연락이 올 거야". 그리고 딸이 연주하는 것을 제가 핸드폰으로 찍어서 유튜브에 올렸습니다. 그리고 20여 곡을 올렸을 때쯤 〈영재발굴단〉의 작가한테서 연락이 왔습니다.

만약 딸이 처음에 소설을 썼을 때 아내가 기뻐하며 격려해 주었다면 딸은 글쓰기의 재능을 키울 수 있었을 것입니다. 지금까지도 딸은 글을 쓴다고는 하는데 보여 주지 않습니다.

이처럼 아이의 눈이 반짝일 때를 부모는 알아보아야 합니다. 아이의 입장에서 글이나 음악이든, 그림이나 만들기든 자기 작품을 누군가에게 보여 주는 것은 대단한 용기가 필요합니다. 평가가 따를 것이기 때문입니다. 그리고 자신이 잘하는지 못하는지를 객관적으로 모르기 때문입니다. 그러할 때 가장 신뢰하고 사랑하는 부모가 아이의 작품을 기뻐하고 격려한다면 아이는 용기를 내어 더 도전하게 되고 반복이 되면서 점점 더 잘하게 됩니다. 그런데 부모가 별로 반응이 없으면 자녀는 부끄러움을 느끼며 '내가 만든 작품이 별로인가 봐, 나는 이쪽으로 재능이 없나 봐'라고 열정이 식어 버립니다. 그러면 그것을 다시 회복시키는 것은 불가능할 정도로 어렵습니다.

부르셔서 사용하십니다

하나님은 일반적으로 은사와 재능을 통해 우리를 교회와 세상에서 사용하십니다. 우리의 봉사를 통해 교회를 세워 가고 세상을 건전하게 가꾸어 가십니다. 따라서 은사에 맞는 직분을 맡아 교회에서 봉사하고, 재능에 맞는 전공과 직업을 선택하여 세상에서 봉사하며 사는 것이 효율적인 삶입니다.

그런데 은사와 재능보다 더 강력하고 확실하게 나의 길을 찾는 방법이 있습니다. 그것은 하나님의 부르심입니다. 신학적으로 '소명(Calling)'이라고 합니다.

부르심에는 구원을 위한 부르심이 있고, 특별한 일을 위한 사명의 부르심이 있습니다.

구원의 부르심은 성령님이 우리를 구원하기 위해 복음으로 부르시는 것입니다. 우리가 예수님을 믿을 수 있는 것은 성령님의 부르심을 받았기 때문입니다. 성령님의 부르심은 누구도 거절할 수 없습니다. 성령님은 교회가 전하는 복음 전파를 통해 죄인을 부르십니다. 따라서 모든 성도는 구원의 부르심을 따라 평생 믿음으로 살아야 합니다.

사명의 부르심은 특별한 일에 우리를 사용하고자 하나님께서 나를 찾으신다는 강력한 확신입니다. 내가 아니면 그 일을 할 사람이 없고 '반드시 내가 해야 한다는 거부할 수 없는 거룩한 부담감'이라고 할 수 있습니다. 주인이 일을 시키기 위해 종의 이름을 부르듯이 하나님께서 사용하시기 위해 우리를 부르십니다. 사명의 부르심은 특별한 때에 특별한 사역을 위해 잠깐 쓰시기 위한 부르심도 있지만 주로 평생 하는 일, 또는 사명과 관련됩니다. 교회의 직분이나 세상에서의 직업이 이에 해당됩니다. 하나님은 부르심을 통해 구원의 은혜뿐 아니라 사명의 길로 우리를 초대하십니다.

하나님은 어떤 방법으로 우리를 부르실까요?

* 말씀으로: 『여호와께서 사무엘을 부르시는지라』(삼상 3:4), 『제자들을 부르사 그 중에서 열둘을 택하여 사도라 칭하셨으니』(눅 6:13). 하나님은 선지자나 사도들을 말씀으로 부르셔서 사용하셨습니다.
* 성령의 내적 음성: 예배 중에나 찬양과 기도할 때, 또는 어떠한 때

와 장소에서든 성령의 내적 음성을 통해 부르실 수 있습니다(행 8:26~36).

* 특별한 체험: 기드온의 양털 시험(삿 6:36~40), **『밤에 환상이 바울에게 보이니 마게도냐 사람 하나가 서서 그에게 청하여 이르되 마게도냐로 건너와서 우리를 도우라 하거늘 바울이 그 환상을 보았을 때 우리가 곧 마게도냐로 떠나기를 힘쓰니 이는 하나님이 저 사람들에게 복음을 전하라고 우리를 부르신 줄로 인정함이러라』**(행 16:9~10).

* 사람을 통해: 엘리야를 통해 엘리사를 선지자로 부르셨습니다(왕상 19:19~21). 하나님은 때로 사람을 만나게 하거나 조언을 통해 하나님의 부르심을 알게 하십니다.

* 직분과 직업으로: 하나님은 교회에서 봉사하라고 직분으로 부르시고, 세상에서 봉사하라고 직업으로 부르십니다.

* 역경을 통해: 예상치 못한 갑작스런 사건이나 사고, 질병 등으로 부르시기도 합니다.

하지만 이러한 부르심의 방법은 대부분 주관적이어서 하나님께서 정말 나를 부르신 것인지 아닌지 혼동될 수 있습니다.

부르심을 어떻게 알 수 있을까요?

내적 확신과 평안으로 스스로 확신할 수 있습니다.

성경과 교회를 통한 외적 검증(직분자가 되는 것, 열매)으로 확인할 수 있습니다.

비전을 찾는 그대에게

부르심이 중요한 이유는 하나님께서 부르셨다는 확신이 있을 때 담대하게 시작할 수 있고 어려움을 만나도 의심하거나 포기하지 않고 인내할 수 있기 때문입니다.

하나님은 모든 성도를 은사와 직분으로 부르십니다. 따라서 모든 은사와 직분이 교회에서 귀합니다. 성도는 하나님께서 나를 직분으로 부르셨다는 소명 의식을 가지고 교회 생활을 해야 합니다. 교회에서 성령님께 받은 은사로 봉사하는 것이 주님의 몸 된 교회를 세우는 충성된 섬김입니다.

또 하나님은 모든 직장인을 직업으로 부르셨습니다. 따라서 모든 역할이 하나님 앞에서 평등하며 귀합니다. 성도는 하나님께서 나를 이 직업으로 부르셨다는 소명 의식을 가지고 직장 생활을 해야 합니다. 직장에서 하나님의 백성다운 언행으로 빛과 소금이 되고 악한 문화를 선하게 바꾸며 성실하게 일하고 때를 따라 복음을 전하는 것이 직업을 통해 하나님을 섬기고 이웃을 사랑하며 사회에 봉사하는 것입니다.

저는 북한에 선교사로 준비하고 있었는데 북한의 문이 열리지 않았습니다. 저에게 목회에 은사가 있다고 생각한 아내는 서울로 올라가서 목회하기를 기도했습니다. 얼마후 교구 성도가 이사하여 심방을 갔다가 근처에 목회자를 구하는 시골미자립교회가 있음을 알고 심방대원들과 기도하러 들렀습니다. 그런데 교회당에 들어가자마자 저의 마음에 '적은 무리여 무서워말라'는 음성이 들렸습니다. '왜 나에게 이 말씀을 하시지?' 의아해하며 성경을 찾아보니 누가복음 12장 32절이었습니다. 앞뒤문맥을 보니 '내일 무엇을 먹을까 마실까 염려하지 말고, 적은 무리인 것을 무서워하지 말고 하나님나라를 위해 살라'는 말씀이었습니다. 새벽에 기도하는데 하나님께서 제 마음에 '내가 저곳에 하나님나라를 세우고 싶은데 다들 무엇을 먹을까 마실까 염려하여 가려고 하지 않는다.'고 하셨습니다. 그래서 그 말씀이 저를 향한 부르심인 줄 깨닫고 이 교회로 오게 되었습니다.

이처럼 하나님은 때로 부르심이라는 특별한 방식으로 우리의 삶을 인도하시고 사용하십니다. 그리고 부르심은 사람마다 다를 수 있으므로 다른 사람과 비교할 필요가 없으며 하나님께서 나를 부르신 곳에서 하나님 앞에 충성하는 것이 중요합니다.

은사를 사모하고 재능을 계발하여 부르신 곳에서 봉사합시다

은사와 재능은 조금 다릅니다. 재능이 세상을 변화시키는 문화 사역을 위해 주신 선물이라면, 은사는 복음을 전하는 구령 사역을 위해 주신 선물이라고 할 수 있습니다. 재능이 선한 영향력을 끼쳐서 직업으로 세상을 섬기라고 주신 육적 은사라면 은사는 거룩한 영향력을 끼쳐 봉사로 교회를 섬기라고 주신 영적 재능입니다. 재능은 본성에 잠재된 방식으로 주셨다면 은사는 본성에 없는 것인데 성령님이 주신 선물입

비전을 찾는 그대에게

니다. [47] 따라서 취득하는 방식도 다릅니다. 은사는 사모함과 기도를 통해 받을 수 있고, 재능은 공부와 땀 흘리는 훈련을 통해 계발할 수 있습니다.

은사와 재능은 한 사람이 많이 받을 수도 있습니다. 그러나 은사는 덕이 안 되거나 봉사하지 않으면 거두어 가십니다. 재능은 계발하지 않으면 받았는지도 모르고 묻힙니다.

은사와 재능은 섬기라고 주신 것이기 때문에 내가 받은 은사와 재능을 찾고 계발하는 좋은 방법은 봉사하는 것입니다. 은사에 맞는 봉사, 재능과 관련된 일을 하는 것이 효과적입니다. 우리는 주님나라 갈 때까지 은사를 받고 재능을 계발하여 봉사하기를 힘써야 합니다.

당신은 은사를 구하고 재능을 발견했습니까? 은사를 받고 재능을 계발했습니까?

평생 농장 일을 하며 자녀를 키우는 데 전념했던 모지스 할머니는 남편이 세상을 떠나고, 손가락에 관절염이 생겨 더 이상 바느질을 할 수 없게 되었을 때, 좋아하던 그림을 그리기 시작했습니다. 그때 그녀의 나이가 76세였습니다. 그녀는 그림을 정식으로 배운 적도 없었지만, 88세 때 '올해의 젊은 여성'으로 선정되고, 93세에는 타임지의 표지를 장식했습니다. 100번째 생일이었던 1961년 9월 7일은 '모지스의 날'로 선포되었고, 그녀의 삶은 아동 도서로 출간되기도 했습니다.

---

47) 칼빈은 '우리의 본성에 없는 은사를 주시고'라고 표현했다. 장수민, 앞의 책, 464.

모지스 할머니 앞에서 '나는 내 재능을 발견하기에 너무 늦었어'라고 말할 수 있을까요?

〈빌리 엘리어트〉라는 영화는 재능을 찾았을 때 삶에 열정이 생긴다는 사실을 보여 주며, 재능에 맞게 전공과 직업을 선택해야 한다는 것을 보여 줍니다.

아빠는 초등학생인 빌리를 남자답게 키우기 위해 권투도장에 보냅니다. 권투도장에는 발레학원이 함께 있었는데 빌리는 자꾸 발레에 눈이 갑니다. 그것을 본 발레 교사가 권하여 빌리는 아빠 몰래 발레를 배웁니다. 다른 애들이 '계집애'라고 놀렸지만 빌리는 열정적으로 발레를 연습합니다. 발레가 얼마나 좋았던지 길을 걸어가는데도 귀에는 음악이 들리고 발은 저절로 움직입니다. 하지만 아빠에게 들켜서 혼이 나고 발레를 그만둡니다. 그런데 발레를 못 하니까 빌리는 밥맛도 없어지고 삶에 의욕이 없어집니다. 결국 빌리는 아빠 몰래 다시 발레를 배웁니다. 어느 날, 친구에게 자기의 발레 솜씨를 보여 주고 있는데 우연히 그곳을 지나가던 아빠에게 들킵니다. 갑자기 들이닥친 아빠 앞에서 빌리는 숨이 탁 막혀 돌처럼 온몸이 굳어서 움직이지 못하고 한참을 서 있습니다. 그러다가 빌리는 금방이라도 때릴 것처럼 무서운 눈으로 바라보는 아빠 앞에서 용기 내어 자신의 발레 솜씨를 보여 줍니다. 빌리의 발레 실력을 본 아빠는 깜짝 놀라 발레를 계속하게 하고 빌리는 영국 최고의 발레명문학교의 오디션을 봅니다. 면접관들이 "빌리, 너는 발레를 할 때 무슨 생각을 하니?"라고 질문하자 빌리는 "춤을 출 때

비전을 찾는 그대에게

는 아무 생각도 안 나요. 그냥 발레를 하면 저를 잊어요. 제가 없어져요"라고 대답합니다. 열정이란 바로 이것입니다. 자기가 없어지는 것입니다. 그 열정의 포로가 되는 것입니다.

나중에 빌리는 졸업발표회에서 주연을 맡습니다. 이처럼 재능을 만날 때 열정이 일어납니다. 꿈이 생깁니다. 탁월해집니다. 삶의 날개가 되어 날아오르게 합니다. 그러니 관심이 가면 도전하십시오. 당신 안에는 놀라운 재능이 묻혀 있으며 당신이 발견하고 계발해 주기를 기다리고 있습니다.

당신은 하나님께서 부르신 곳에서 은사와 재능으로 봉사하고 있습니까?

바울은 고린도전서 12장 마지막 절에서 『더욱 큰 은사를 사모하라』(고전 12:31)라고 권하며, 13장 전체에서 사랑을 가르칩니다. 여기서 '사랑은 은사가 아니라 은사를 추구하고 사용하는 더 탁월한 길이며 방식입니다.'[48] 고린도교회는 시기와 경쟁과 과시하기 위해 은사를 추구하여 교회에 덕이 되지 못했기 때문입니다. 이에 바울은 다음 장인 고린도전서 14장 1절에 『사랑을 추구하며 신령한 것을 사모하되 특별히 예언을 하려고 하라』라고 도전합니다. 사랑으로 하나님의 말씀을 전하고 가르치는 것이 가장 큰 은사입니다.

성령님은 우리가 교회에서 봉사할 수 있도록 모든 성도에게 은사를

---

48)   박영돈, 앞의 책, 292.

주셨습니다. 성령의 은사를 사모하십시오. 받은 은사(각 지체의 분량대)로 봉사하십시오(엡 4:16). 서로의 필요를 채워 주십시오. 주님의 몸된 교회가 든든히 설 것입니다. 세상은 교회를 통해 사랑의 하나님을 볼 것입니다. 우리 교회를 통해 더 많은 사람이 구원을 받을 것입니다.

성령님은 우리가 세상에서 봉사할 수 있도록 우리 모두에게 재능을 주셨습니다. 재능을 따라 전공과 직업을 선택할 때 열정이 생기고 꿈이 생깁니다. 집중하므로 앞서가게 되고 효율적이므로 열매가 풍성해집니다. 그러므로 재능을 발견하고 계발하기를 힘쓰십시오. 관심이 가는 일에 도전하십시오. 잘할 때까지 배우십시오. 자기 일에 전문가가 되도록 훈련하십시오. 재능으로 사회에서 봉사[49]하십시오. 우리를 통해 더 살기 좋은 세상이 될 것입니다.

성령님은 때로 특별하게 쓰시기 위해 우리를 어떤 영역으로 부르십니다. 교회가 전파하는 복음으로 사람들을 불러 구원하십니다. 교회를 통해 직분으로 부르십니다. 직업으로 부르십니다. 사람이나 환경, 또는 말씀으로 부르기도 하십니다. 그러므로 하나님께서 부르신 곳에서 재능과 은사로 봉사하십시오. 여러분을 통해 하나님의 꿈이 이루어질 것입니다.

이처럼 은사는 직분과 관련되고, 재능은 직업과 관련되며, 부르심은 사명과 관련됩니다. 공통점은 봉사하라고 주신 선물이라는 것과 다른 사람과 비교할 필요가 없다는 것입니다. 당신을 통해 하나님의 꿈을 이루어 가기 원하시는 성령님은 당신에게 교회와 세상에서 이웃을 돕

---

49) "종교개혁가들은 사회변혁의 방법이 직업이라고 주장했다." 김민호, 『기독교 세계관』 리바이벌북스, 2022, 160.

고 구원할 수 있는 역량을 주셨습니다.

	은사	재능	부르심	쓰임받기 위해
의미	영적인 재능	내가 가장 잘하는 것	특별한 일에 사용되는 것	
대상	모든 성도	모든 사람	선택된 사람	
목적	구원	문화 사역	사명	
확인	겸손히 봉사 하고픈 마음	호기심, 열매, 자긍심, 타인이 인정	반드시 내가 해야 한다는 거룩한 부담감	은사를 사모하며 구하라 재능을 찾고 계발하라 부르신 곳에서 겸손히 봉사하라
얻는 방법	사모하며 기도	해보아야, 훈련	직분, 직업, 사람, 환경, 사건, 말씀	
주신 이유	교회에서 봉사	세상에서 봉사	특별한 봉사	
봉사 수단	직분	직업	직분	
특성	다양하고 각자 다름, 남과 비교할 필요가 없음			

정리 및 요약

1. 성령님은 우리가 교회와 세상에서 (   )하게 하심으로 우리를 통해 하나님의 꿈을 이루어 가신다.

2. 재능과 은사와 부르심의 차이점을 정리해 보라.

재능 = (　　　)을 변화시키는 (　　　)사역을 위해 세상에서
(　　　)으로 (　　　)하라고 주신 선물

은사 = 복음을 전하는 (　　　)사역을 위해 교회에서 (　　　)
으로 (　　　)하라고 주신 선물

부르심 = 하나님께서 특별한 (　　　)을 맡기기 위해 주신 호출

3. 성령님께서 당신에게 주셨다고 생각하는 은사는 무엇이며, 그 은
   사를 교회 안에서 어떻게 사용하고 있는가?

4. 당신이 발견했거나 계발하고 있는 재능은 무엇이며, 이 재능으로
   세상 속에서 어떻게 봉사하고 싶은가?

5. 당신은 하나님의 부르심을 어떤 방식으로 경험했는가? 그 부르심
   이 당신 삶에 어떤 영향을 주었는가?

6. 서로에게 보이는 재능과 은사를 말해 주고 격려하라. 각자의 은사
   와 재능과 부르심이 하나님나라를 위해 귀하게 쓰이도록 함께 기
   도하라.

7. 오늘 받은 은혜를 나누고 고린도전서 12장 11절을 암송하라.

　　　　　　　　비전을 찾는 그대에게

11. 성령님이 꿈을 이루시는 방식

여호와께서 말씀하신 대로 사라를 돌보셨고 여호와께서 말씀하신 대로 사라에게 행하셨으므로 (창 21:1)

이는 성경대로 그리스도께서 우리 죄를 위하여 죽으시고 장사 지낸 바 되셨다가 성경대로 사흘 만에 다시 살아나사 (고전 15:3~4)

성령님은 우리 안에서 하나님의 꿈을 이루실 뿐 아니라, 그 꿈을 우리에게 나누어 주셔서 역사를 향한 하나님의 꿈을 이루시는데 우리를 사용하십니다. 성도에게 은사를 주셔서 자기 백성을 구원하는 꿈을 이루어 가시고, 사람에게 재능을 주셔서 세상을 거룩하게 변화시키는 문화의 꿈을 이루어가십니다.

눈에 보이지 않는 성령님의 사역을 어떻게 분별할 수 있을까요?
성령님은 무엇으로 하나님의 꿈을 우리에게 알리시고 성취해 가실까요?

하나님의 꿈이 담긴 성경을 기록하셨습니다.

처음에는 하나님께서 꿈이나 환상으로 말씀하셨습니다. 이후에는 선지자들의 입술을 통해 말씀하셨습니다. 그러나 선지자가 없으면 하나님의 말씀도 들을 수 없었습니다. 그래서 하나님은 모든 세대가 그분의 꿈을 알 수 있도록 말씀을 기록하게 하셨습니다. 그것이 성경입니다.

성경은 하나님의 꿈의 안내서입니다. 성령님은 성경에 하나님의 꿈을 기록하셨습니다. 하나님의 꿈은 시간 세계 속에서 역사를 통해 드러나고 성취되어야 하므로 예언과 약속의 형태로 기록하셨습니다.

성경을 기록하는데 성령님은 약 40여명의 서로 다른 시대와 신분과 배경의 저자들을 사용하셨습니다. 그들의 지식과 기질과 경험과 개성을 그대로 살리되,『모든 성경은 하나님의 감동으로』(딤후 3:16) 오류 없이 하나님의 말씀을 기록하게 하셨습니다. 성경은 단순한 책이 아니라, 성령님의 숨결로 살아 있는 책입니다.

또 성령님은 기록된 성경이 보존되도록 섭리하셨습니다. 이스라엘의 서기관들을 한 사람은 불러주고, 한 사람은 기록하며, 한 사람은 맞게 썼는지 확인하게 하므로 오류 없이 전수되게 하셨습니다.
심지어 성령님은 자연환경까지도 사용하셔서 가장 건조한 이스라엘 땅에 성경문서를 보관하므로 오랫동안 썩지 않게 하셨습니다. 성령님은 말씀을 기록하실 뿐 아니라 보존하셨습니다.

비전을 찾는 그대에게

성경을 가르쳐서 하나님의 꿈을 위해 살게 하십니다.

하나님의 꿈이 담긴 성경은 성령의 감동으로 기록되었기에, 인간의 지혜만으로는 그 오묘한 뜻을 다 헤아릴 수 없습니다. 성령님은 말씀을 듣고 읽고 배우고 묵상하는 심령에 하나님의 뜻을 알 수 있도록 '조명'해 주십니다. 눈을 열어 주셔서 『진리 가운데로 인도』(요 16:13) 하십니다. 성령님은 성경의 원저자이시면서 동시에 성경을 가르치시는 스승이십니다.

성령님이 우리의 눈을 열어주시면 성경에서 하나님을 봅니다. 성령님이 가르쳐 주시면 예수님의 십자가가 '나를 대신한 죽음'이라는 구속의 비밀이 깨달아지고 '나를 위한 사랑'으로 경험됩니다. 그리하여 원수도 사랑할 수 있는 십자가의 심장을 가지게 됩니다.

예수님의 부활이 단순한 역사적 사건이 아니라 '죽음을 이기신 승리'로 믿어집니다. 그리하여 죽음도 두렵지 않은 영생승리를 확신하게 됩니다. 성령님이 우리의 지각을 열어주시면 『말씀은 꿀과 송이꿀보다 더 달므로 금 곧 많은 정금보다 더 사모』(시 119:103, 127)하고 귀하게 느껴집니다. 기록된 말씀이 단순한 문장이 아니라 살아 있는 하나님의 음성으로 들립니다. 성령님은 단순히 깨닫게 하실 뿐 아니라, 말씀속에서 하나님의 사랑을 맛보게 하시고, 자원하여 하나님의 꿈을 위해 살도록 거룩한 열정을 주십니다.

성령님은 역사상에 어떤 방식으로 성령하나님의 꿈을 실현해 가실까요?

성경의 약속이 성취되는 방식으로
하나님의 꿈을 이루어가십니다.

성경은 하나님의 약속입니다. 구약은 옛 약속, 신약은 새 약속입니다. 성령님은 그 약속을 기록하셨을 뿐 아니라, 보이지 않는 손으로 반드시 이루어 가십니다.

예를들어, 『하나님이 모든 선지자의 입을 통하여 자기의 그리스도께서 고난 받으실 일을 미리 알게 하신 것을 이와 같이 이루셨느니라』(행 3:18). 십자가와 부활은 우연한 사건이 아니라, 구약시대 선지자들을 통해 하신 약속의 성취였습니다. 『형제들아 성령이 다윗의 입을 통하여 예수 잡는 자들의 길잡이가 된 유다를 가리켜 미리 말씀하신 성경이 응하였으니』(행 1:16). 심지어 가룟 유다의 배신마저도 성령께서 1,000년 전에 다윗을 감동하시어 미리 말씀하신 약속의 성취였습니다. 아무리 사탄이 방해해도 하나님의 약속은 반드시 이루어집니다.

『내가 내 백성 아닌 자를 내 백성이라, 사랑하지 아니한 자를 사랑한 자라 부르리라』(롬 9:25)하신 이방인 구원의 약속을 『성령이 이르시되 내가 불러 시키는 일을 위하여 바나바와 사울을 따로 세우라 하시』(행 13:2)어 선교를 통해 이루십니다.

오순절 성령 강림도 성경 약속의 성취였습니다. 죽으시고 부활하신 예수님은 '아버지께서 약속하신 성령을 기다리라'(눅 24:46~49)고 하셨고, 그 말씀대로 성령이 강림하셔서 제자들이 여러 나라 말로 복음을 전하게 하셨습니다(행 2:4, 11). 하나님의 꿈은 언제나 성경대로 이루어집니다.

오늘도 성령님은 『여호와께서 말씀하신 대로… 여호와께서 말씀하신 대로…』(창 21:1), 『성경대로… 성경대로…』(고전 15:3~4) 약속을 성취하시며 하나님의 꿈을 이루고 계십니다.

우리는 성령님의 꿈을 위해 어떻게 살아야 할까요?

성경의 약속을 이루기 위해 삽시다.

성령님은 오늘도 교회를 사용하셔서 하나님의 꿈을 이루십니다. 교회가 하나님의 꿈터이며, 성도가 하나님의 꿈쟁이입니다. 성경의 약속은 역사상에 반드시 이루어질 하나님의 꿈임을 확신하며, 순종함으로 하나님의 약속을 성취하는 도구가 되는 것 - 이것이 우리의 부르심입니다.

『하나님 여호와께서 너희에게 대하여 말씀하신 모든 선한 말씀이 하나도 틀리지 아니하고 다 너희에게 응하』(수 23:14)였다. 『모세를 통하여 말씀하신 모든 좋은 약속이 하나도 이루어지지 아니함이 없도다』(왕상 8:56). 구약의 약속이 다 이루어진 것처럼 신약의 약속 또한 반드시 성취될 것입니다. 성령님은 지금도 우리를 통해 그 약속을 성취해 가십니다.

당신은 무엇을 이루기 위해서 살아갑니까?

하나님은 역사를 통해 이루시고자 하는 위대한 하나님의 꿈이 있습니다. 성령님은 그 꿈을 성경에 기록하셨습니다. 성경을 가까이 하는 자에게 하나님의 꿈을 알게 하시고 나누어 주시며 하나님의 꿈을 위해 살려는 거룩한 열정을 주십니다. 성령님은 우리와 함께 하나님의 꿈을 이루기 원하십니다. 성경의 모든 약속은 반드시 성취될 것을 확신하고, 성경의 약속이 이루어지기를 열망하며, 성경의 약속을 이루기 위해 살아가는 꿈쟁이에게 성령님이 충만히 임재하십니다. 은사와 재능을 주셔서 그의 봉사를 통해 성경의 약속을 이루어 가십니다.

성경을 기록하심	성경을 성취하심	성령님의 꿈을 위해!
인간 저자를 감동하시어 기록 사람과 환경을 통해 보존	기록된 성경을 깨닫게 조명 하나님의 꿈을 위해 살게 하심 성경약속이 성취되는 방식으로	언약성취를 열망하라 언약성취를 확신하라 언약을 이루기 위해 살라

정리 및 나눔

1. 성경이 '하나님의 꿈에 대한 기록'이라면, 나의 일상과 가치관은 어떻게 달라져야 할까?

2. 하나님의 꿈은 성경에 약속으로 주어졌는데, 내가 붙잡고 있는 하나님의 약속은 무엇이며, 그 약속은 지금 내게 어떤 소망과 힘을 주는가?

3. 말씀이 단순한 지식을 넘어 삶의 방향을 바꾸는 나침반이 되었던 경험이 있다면 구체적으로 나누라.

4. 내 삶이나 공동체에서 하나님의 말씀이 실제로 성취된 것을 경험한 적이 있는가? 그것이 나에게 어떤 영향을 주었는가?

5. 성경의 약속을 이루기 위해 우리가 부름을 받았다는 것을 생각할 때, 오늘 나의 작은 순종이 하나님의 큰 꿈과 어떻게 연결될 수 있을까?

6. 내가 이루어드려야 할 성경의 약속은 무엇인가? 그 약속을 이루기 위해 어떻게 하겠는가?

7. 오늘 받은 은혜를 나누고 고린도전서 15장 3-4절을 암송하라.

5부

우리의 비전

12. 하나님의 꿈, 우리의 비전

『이 일 후에 내가 보니 각 나라와 족속과 백성과 방언에서 아무도 능히 셀 수 없는 큰 무리가 나와 흰 옷을 입고 손에 종려 가지를 들고 보좌 앞과 어린 양 앞에 서서 큰 소리로 외쳐 이르되 구원하심이 보좌에 앉으신 우리 하나님과 어린 양에게 있도다 하니 모든 천사가 보좌와 장로들과 네 생물의 주위에 서 있다가 보좌 앞에 엎드려 얼굴을 대고 하나님께 경배하여 이르되 아멘 찬송과 영광과 지혜와 감사와 존귀와 권능과 힘이 우리 하나님께 세세토록 있을지어다 아멘 하더라』 (계 7:9-12)

'삼위 하나님의 꿈과 우리의 비전'은 어떤 관계일까요?

"♪우리 보좌 앞에 모였네 함께 주를 찬양하며 하나님의 사랑 그 아들 주셨네 그의 피로 우린 구원 받았네 십자가에서 쏟으신 그 사랑 강 같이 온 땅에 흘러 각 나라와 족속 백성 방언에서 구원 받고 주 경배 드리네♫"

이 곡은 계시록 7장 9~10절 말씀을 가사로 삼아서 곡을 붙인 '비전'이라는 찬양입니다. 예수 믿고 구원받은 성도들이 새 하늘과 새 땅 하나님의 보좌 앞에 함께 모여서 하나님께 경배하며 찬양하는 모습입니다. 성령의 영감으로 기록된 성경에서 가사를 따와서 감동도 있습니다. 그런데 계시록의 말씀으로 만든 찬양의 제목을 왜 '비전'이라고 붙였을까요?

구원받은 모든 백성이 하늘의 하나님 보좌 앞에서 예배로 하나님께 영광을 돌리는 것이 하나님의 꿈이며 그 꿈 안에서 부름받은 우리의

비전을 찾는 그대에게

거룩한 비전이기 때문입니다. 그래서 최철영은 '온 땅이 하나님의 영광으로 가득하며, 모든 족속이 하나님을 경배하는 것이 성경 전체의 중심비전이다'[50]라고 했습니다.

하나님의 꿈은 새 하늘과 새 땅에서 완성될 것입니다

하나님의 꿈은 하나님께서 영광을 받으시는 것입니다. 그런데 『모든 사람이 죄를 범하였으매 하나님의 영광에 이르지 못하』(롬 3:23)게 되었습니다. 죄인은 하나님을 기쁘시게 할 능력이 없습니다. 세상 또한 공중 권세를 잡은 사탄의 영향권 아래 있어 죄와 사탄이 있는 이 땅에서는 거룩하신 하나님께 온전한 영광을 돌릴 수가 없습니다(엡 2:2). 그래서 『피조물이 다 이제까지 함께 탄식하며 함께 고통을 겪고 있는 것을 우리가 아나니 그뿐 아니라 우리까지도 속으로 탄식하여 … 우리 몸의 속량을 기다리느니라』(롬 8:22~23)라는 말씀처럼 모든 피조물과 성도들까지도 탄식하고 있습니다. 이렇게 죄와 사탄과 인간의 죄성 때문에 이 땅에서는 하나님께서 온전히 영광 받으시는 하나님의 꿈을 이룰 수가 없습니다.

그래서 하나님은 죄가 없고 사탄이 들어올 수 없으며 죄인이 없는 거룩한 새 하늘과 새 땅을 마련하셨습니다. 그곳에서 우리는 죄를 지

---

50)   최철영, 앞의 책, 95.

을 수 없는 영화로운 상태가 되어 『보좌 앞과 어린 양 앞에 서서 큰 소리로 구원하심이 보좌에 앉으신 우리 하나님과 어린 양에게 있도다』(계 7:9~10)라고 하나님께 찬양과 경배를 올릴 것입니다.

또 자연과 천사와 모든 피조물도 함께 하나님께 온전한 찬미를 드릴 것입니다. 『네 생물과 이십사 장로들이 … 새 노래를 불러 이르되 … 또 많은 천사의 음성이 있으니 그 수가 만만이요 천천이라 큰 음성으로 이르되 죽임을 당하신 어린양은 능력과 부와 지혜와 힘과 존귀와 영광과 찬송을 받으시기에 합당하도다 하더라 … 하늘 위에와 땅 위에와 땅 아래와 바다 위에와 또 그 가운데 모든 피조물[51]이 이르되 보좌에 앉으신 이와 어린 양에게 찬송과 존귀와 영광과 권능을 세세토록 돌릴지어다』(계 5:8~13, 참조:계 7:11-12). 네 생물은 천사들을 대표하고, 24장로는 구원받은 성도들을 대표하는 상징적인 표현입니다. 이렇게 새 하늘과 새 땅은 삼위 하나님께서 성도들과 천사들과 우주 만물을 통해 영광을 받으시는 '하나님의 꿈이 온전히 실현될 곳'입니다.

하나님께 온전한 영광을 돌리기 위해서는 하나님을 알아야 합니다. 하지만 이 땅에서는 하나님을 부분적으로만 압니다. 그래서 하나님의 영광을 위해 사는 것도 온전하지 못합니다. 그러나 새 하늘과 새 땅에 가면 우리가 하나님과 얼굴과 얼굴을 맞대고 볼 것입니다. 『우리가 지금은 거울로 보는 것같이 희미하나 그 때에는 얼굴과 얼굴을 대하여 볼 것이요 지금은 내가 부분적으로 아나 그 때에는 주께서 나를 아신 것같이 내

---

51) "장차 임할 영광의 왕국에서는 신자 개개인과 동식물들이 진정한 생명을 누리게 된다." 코리 브록·나다니엘 수탄토 지음, 송동민 옮김, 앞의 책, 301.

가 온전히 알리라』(고전 13:12). 그때 우리는 하나님을 아는 지식으로 충만해질 것입니다. 하나님을 아는 지식은 온전히 하나님만 경배하며 하나님께만 영광을 돌리게 할 것입니다. 하나님을 알면 알수록 하나님을 찬미하게 되기 때문입니다. 이처럼 하나님께서 온전히 영광을 받으시는 **하나님의 꿈은 새 하늘과 새 땅에서 모든 피조물이 삼위 하나님께 경배하므로 완성될 것입니다.** 그러므로 하나님의 꿈을 가진 성도는 그곳을 대망하고 그날을 고대하며 삽니다. 이 땅에 사는 동안에도 하나님께 영광을 돌리기 위해 하나님을 알기를 힘씁니다.

하나님의 꿈은 자기 백성을 다 구원하는 것입니다

누가 그날 그 자리에 설 수 있을까요?

『하나님 곧 우리 주 예수 그리스도의 아버지께서 … 창세 전에 그리스도 안에서 우리를 택하사』(엡 1:3~4). 세상을 창조하기 전부터 성부하나님께서 선택하신 사람들이 있습니다.

성령의 감동을 받은 사도요한이 바라 본 미래의 새 하늘과 새 땅에는 『각 나라와 족속과 백성과 방언에서 아무도 능히 셀 수 없는 큰 무리』(계 7:9)가 있었습니다. 그 구원받은 자가 14만 4천 명이라고 했습니다(계 7:4). 셀 수 없이 큰 무리를 14만 4천이라고 표현했으니 14만 4천은 실제 숫자가 아니라 상징적인 의미입니다. 14만 4천은 12×12×1,000으로 12는 구약교회를 대표하는 열두 지파를 의미하고, 12는 신약교회를 대표하는 열두 사도로, 전 역사 동안 구원받을 모든 하나님의 백성을 상징합니다. 1,000은 '충만'을 상징합니다. 따라서 14만 4천은 구원받을 사람의 실제 숫자가 아니라 하나님께서 자기 백성은 한 명도 빠트리지 않고 구원하신다는 '구원의 완성'을 강조하는 표현입니다. 『우리가 우리 하나님의 종들의 이마에 인치기까지 땅이나 바다나 나무들을 해하지 말라 하더라 내가 인침을 받은 자의 수를 들으니 … 십사만 사천』(계 7:3). 그 후 계시록 8장에서부터 심판이 시작되는데 『오직 이마에 하나님의 인침을 받지 아니한 사람들만 해하라』(계 9:4)고 하셨으니 하나님께서 자기 백성을 다 구원하신 후에 심판이 있을 것입니다. 따라서 구원받지 못한 자들만 심판을 받을 것입니다.

그렇다면 하나님께서 선택하신 사람을 어떻게 알 수 있습니까?

예수님을 믿는 성도가 선택받은 사람입니다.

새 하늘과 새 땅에 있는 사람들은 공통적으로 『흰 옷을 입고 손에 종려가지를 들고』(계 7:9) 있었습니다. 흰 옷을 입은 사람들은 『어린 양의 피에 그 옷을 씻어 희게』(계 7:14)된 성도들 입니다.

『어린 양』은 『세상 죄를 지고 가는 하나님의 어린 양』(요 1:29)이신 예수님을 뜻합니다. 어린양의 피는 예수님께서 모든 인류의 죄를 대신 지시고 십자가에서 죽으신 것을 의미합니다.

어린 양의 피에 옷을 씻어 희게 된 성도들은 예수님의 공로로 죄를 용서받은 성도들입니다. 이처럼 죄는 예수님의 십자가 보혈로만 씻어집니다. 죄인은 오직 예수님을 믿음으로만 죄 사함을 받아 성결할 수 있습니다. 새 하늘과 새 땅은 예수님을 믿어 십자가의 보혈로 정결하게 된 성도만 들어갈 것입니다.

『종려 가지』는 승리를 상징합니다. 세상에 있을 때 사탄의 환란과 핍박에도 신앙을 지킨 것을 의미합니다. 믿음을 지키며 사는 것이 승리한 것입니다(요일 5:4). 종려 가지는 세상 유행과 시대정신에 흘러가지 않고 신앙을 따라 거룩을 지키며 살아온 성도들에게 주신 승리의 깃발입니다.

우리는 누가 선택받았는지 아닌지를 알 수 없습니다. 본문에서 천국에 간 사람은 모두 예수님을 믿었습니다. 『나로 말미암지 않고는 아버지께로 올 자가 없』(요 14:6)다는 말씀대로 오직 예수님을 믿는 사람만 천국에 갑니다. 그러니까 예수님을 믿는 사람이 선택받은 사람입니다.

이렇게 선택하여 구원하신 목적은 『그 기쁘신 뜻대로 우리를 예정하사 예수 그리스도로 말미암아 자기의 아들들이 되게 하셨으니 이는 그가 사랑하시는 자 안에서 우리에게 거저 주시는 바 그의 은혜의 영광을 찬송하게 하려는 것』(엡 1:5~6)입니다. 은혜로 하나님의 자녀가 되게 하신 것은 하나님의 영광을 찬미하게 하려는 것입니다. 하나님은 성도를 통해서 하나님의 꿈을 이루십니다.

우리의 구원은 삼위 하나님의 열심으로 완성될 것입니다

누가복음 24장 49절에서 예수님은 승천하시기 전에 『볼지어다 내가 내 아버지께서 약속하신 것을 너희에게 보내리니 너희는 위로부터 능력으로 입혀질 때까지 이 성에 머물라 하시니라』라고 했습니다. 세계 복음화를 이룰 수 있도록 하나님께서 능력을 주실 것이라고 약속하셨습니다. 사도행전 1장 8절에 성령이 임하시고 권능을 주셔서 바울은 『성령의 능력으로 … 그리스도의 복음을 편만하게 전하였노라』라고 했습니다 (롬 15:19). 마가복음 16장 16~20절에는 『제자들이 나가 두루 전파할새 주께서 함께 역사하사 그 따르는 표적으로 말씀을 확실히 증언하시니라』 라고 했습니다. 여기서 말하는 표적들, 귀신을 쫓아내고 방언을 말하고, 뱀독에도 죽지 않고 병자를 치유하는 표적들은 실제로 사도행전에서 일어납니다. 하지만 이 표적들은 지상에 교회가 세워질 때 나타났던 보이는 표적들이고 교회가 세워진 후에는 거의 나타나지 않습니다. 실제로 사도행전에도 앞부분에서는 사도들을 통한 표적이 많이 나타나지만 교회가 세워질수록 표적은 줄어들고 말씀을 전하고 가르치는 사역으로 전환됩니다.

그래서 『보혜사 곧 아버지께서 내 이름으로 보내실 성령 그가 너희에게 모든 것을 가르치고 내가 너희에게 말한 모든 것을 생각나게 하리라』(요 14:26)라고 했으며 『진리의 성령이 오실 때에 그가 나를 증언하실 것이요』라고 했습니다(요 15:26). 성령님은 말씀으로 예수님을 가르쳐서 구원하십니다.

우리가 사랑으로 이웃에 봉사하며 복음을 전할 때 우리와 함께하시는 성령님이 듣는 사람들을 깨우치셔서 예수님을 믿게 하시어 구원하십니다.

이처럼 우리의 구원을 위해 성부 하나님은 만세 전부터 선택하셨습니다. 예수님은 무궁한 사랑으로 십자가와 부활을 통해 죄인을 구원하기 위한 구속을 완성하셨습니다. 성령님은 예수님이 완성하신 복음으로 성부께서 선택하신 죄인을 구원하십니다. 삼위 하나님의 꿈은 삼위 하나님께서 이루어 가십니다. 그러므로 오직 삼위 하나님만 영광을 받으셔야 합니다(롬 11:36). 또 우리의 구원은 삼위 하나님께서 주권적으로 이루시므로 누구도 막지 못합니다. 우리의 구원은 확실하고도 안전합니다. 잃어버린 양 한 마리를 찾기까지 찾으시는 하나님의 열심은 자기 백성이 다 구원받을 때까지 쉬지 않으실 것입니다.

하나님의 꿈은 교회를 통해 성취됩니다

보이지 않는 하나님은 보이는 교회를 통해 하나님의 꿈을 이루어 가십니다.

교회는 하나님의 백성이며, 주님의 몸이고, 성령의 전으로서 하나님의 꿈을 보여 주는 모델이며, 우리는 그 안에서 하나님의 꿈을 배우고, 예수님을 따르며, 성령님께 사용됩니다.

하나님의 꿈은 약속으로 주어지고 교회의 믿음을 통해 성취되는 방식으로 역사상에서 진행이 됩니다. 교회는 하나님의 꿈을 언약신앙으로 오늘의 삶에서 현실화하는 비전공동체입니다.

언약신앙은 하나님의 약속이 이루어지기를 열망하고 하나님의 약속이 성취될 것을 믿으며, 그 약속을 성취하기 위해 사는 것입니다.

따라서 창세기의 요셉처럼 약속의 집(교회)에서 성경말씀을 이루기 위해 사는 것이 하나님의 꿈을 위해 사는 것입니다.

삼위 하나님의 꿈			우리의 삶
하나님을 아는 온전한 지식으로 하나님을 예배하는 삼위 하나님의 꿈은 새 하늘과 새 땅에서 완성됨	세상과 역사를 향한 예수님의 꿈은 자기 백성을 다 구원하는 것	성령님이 믿게 하셔서 구원하심	천국 소망 가지고 택자 구원 완성을 위해 말씀을 이루기 위해 교회로 살라

비전을 찾는 그대에게

정리 및 나눔

1. 왜 하나님의 꿈은 새 하늘과 새 땅에서 완성될까? 그것이 이 땅의 내 삶에 어떤 영향을 주는가?

2. 성경이 말하는 하나님의 꿈은 단지 '나의 구원' 그 이상이다. 구원 받은 나를 하나님은 왜 세상에 남겨 두셨을까?

3. 당신은 지금 교회를 통해 하나님의 꿈을 어떻게 함께 이루어가고 있는가? 교회 공동체에서 나의 비전은 어떻게 연결되어 있는가?

4. 복음을 전할 때 구원이 '내 열심'보다 '성령의 사역'으로 이루어진 다는 사실은 당신이 전도할 때 어떤 영향을 주는가?

5. 죽음 이후 내세의 소망이 오늘 나의 선택과 삶의 방향에 어떤 영향을 주는가?

6. 내가 만나는 사람들에게 하나님의 나라에 대한 소망을 어떻게 나눌 수 있을까?

7. 오늘 받은 은혜를 나누고 요한계시록 7장 9~10절을 암송하라.

13. 생명으로 가득한 세상

『하나님이 그들에게 복을 주시며 그들에게 이르시되 생육하고 번성하여 땅에 충만
하라! 땅을 정복하라! 바다의 물고기와 하늘의 새와 땅에 움직이는 모든 생물을 다
스리라! 하시니라』(창 1:28~31, 2:4~15)

    피조물을 향한 하나님의 목적은 하나님의 영광입니다.
    그렇다면 창조 세계가 어떻게 될 때 하나님께 영광이 될까요? 하나
님의 영광을 위해 어떤 비전을 가져야 할까요?

창조 세계가 생명으로 충만해지는 비전을 주셨습니다

    『하나님이 그들에게 이르시되 생육하고 번성하여 땅에 충만하라』(창 1:28).
하나님은 인간이 생육 · 번성 · 충만하기를 원하십니다. 하지만 이것이
인간에게만 주신 복은 아닙니다. 『하나님이 이르시되 물들은 생물을 번
성하게 하라 땅 위 하늘의 궁창에는 새가 날으라 하시고, 하나님이 그들에
게 복을 주시며 이르시되 생육하고 번성하여 여러 바닷물에 충만하라 새
들도 땅에 번성하라 하시니라』(창 1:20, 22). 하나님은 물속의 생물들도,
물 밖의 생물들도 생육 · 번성 · 충만하기를 원하십니다. 하나님의 꿈은
단순한 유지가 아니라 하나님께서 창조하신 세상이 생명으로 가득하

비전을 찾는 그대에게

게 되는 것입니다.

생명은 단순히 오래 사는 것만을 의미하지 않습니다. 죽음과 반대되는 개념입니다. 죽음은 소멸이 아니라 하나님과의 '관계 단절(분리)'과 영혼과 육체의 '기능 상실'의 개념입니다. 죽음은 죄에 대한 심판으로서 노화, 질병, 가난, 시기, 원망, 다툼, 분열, 이별, 근심, 절망 같은 삶의 모든 고통과 악이 포함되며, 그 끝은 지옥에서 영원한 형벌입니다. 생명은 영혼과 육체가 창조목적을 발휘하는 상태로서 하나님과의 친밀한 관계로 누리는 건강, 풍요, 섬김, 장수, 감사, 용서, 사랑, 연합, 신뢰, 의, 기쁨, 섬김 같은 모든 선이 포함되고 그 끝은 새 하늘과 새 땅에서의 영원한 생명입니다. 죽음은 죄의 결과들 전부를 대표하고, 생명은 의의 결과들 전부를 대표합니다.

'생명으로 가득한 세상', 이것이 에덴동산에서 하나님께서 주신 비전입니다. 우리가 바라는 세상입니다.

창조 세계가 생명으로 가득해지기 위해 하나님은 어떻게 하셨을까요?

'하나님을 대리'하는 '왕 같은 제사장'으로 인간을 세우셨습니다

『하나님이 그들에게 이르시되 땅을 정복하라! 바다의 물고기와 하늘의 새와 땅에 움직이는 모든 생물을 다스리라! 하시니라』(창 1:28) 하나님은 창조하신 세상을 인간에게 위임하셨습니다. 인간은 땅을 정복하고, 모든 생물을 다스리라는 책임을 맡았습니다. 인간이 정복하고 다스려야 할 대상은 땅과 모든 생물입니다. 여기서 『땅』은 지상이라는 의미도 되지만, 보이는 모든 세계를 대표합니다. 『모든 생물』도 보이는 모든 존재를 상징하는 표현입니다. 인간은 보이는 세계와 보이는 모든 존재를 정복하고 다스리라는 명령과 책임을 동시에 받은 것입니다. 땅과 모든 생물을 지으신 분은 하나님이시므로 '하나님만이 창조 세계의 유일한 왕'이십니다. 3장에서 보았듯이 정복하고 다스리는 것은 왕과 제사장이 하는 일이므로 하나님께서 인간에게 정복하고 다스리라고 명령하시는 것은 인간을 '왕 같은 제사장'으로 세우시는 것입니다. 그렇다면 인간은 보이는 세계에서 '하나님을 대신하는 왕이며 동시에 제사장'입니다. 왕이 통치자라면 '왕 같은 제사장은 섬기는 통치자'입니다. 하나님의 대리통치자[52]인 인간은 참왕이신 하나님의 뜻대로 하나님께서 맡기신 세상을 '섬김으로 통치해야' 합니다.

하나님을 대리하는 인간의 사명은 무엇입니까?
하나님의 창조목적대로 '모든 생명이 생육·번성·충만하게 만드는 것'입니다.

어떻게 하면 하나님께서 창조하신 세상이 생명으로 충만할 수 있을까요? 정복하고 다스리는 것은 구체적으로 어떤 것일까요?

---

52) "하나님의 형상 자체가 인간이 하나님을 대신하여 피조물들을 다스리는 자로 만들어졌음을 의미한다." 기동연, 『창조부터 바벨까지』, 생명의양식, 2022, 73.

수고하여 거둔 열매를 나누어야 합니다

하나님은 생육·번성·충만할 방법을 알려 주셨습니다. 창세기 1장 29절에 『하나님이 이르시되 내가 온 지면의 씨 맺는 모든 채소와 씨 가진 열매 맺는 모든 나무를 너희에게 주노니 너희의 먹을거리가 되리라』라고 사람이 먹을 양식을 지정해 주셨습니다. 그것은 채소와 나무의 열매들입니다. 30절에 『또 땅의 모든 짐승과 하늘의 모든 새와 생명이 있어 땅에 기는 모든 것에게는 내가 모든 푸른 풀을 먹을거리로 주노라 하시니 그대로 되니라』라고 동물들에게는 풀을 양식으로 주셨습니다(시 104:14 참조).[53] 그리고 31절에 『하나님이 지으신 그 모든 것을 보시니 보시기에 심히 좋았더라』라고 기뻐하셨습니다. 하나님께서 지으신 모든 것이 그분이 보시기에 심히 좋았다면 그분이 명하신 대로 되었다는 뜻입니다. 하나님께서 보시기에 선한 세상이 되었다는 의미입니다. 하나님의 대리자인 인간이 사명을 잘 감당해서 생물들이 생육·번성·충만해지고 있다는 것입니다.

하나님의 대리자인 인간은 생명들이 생육·번성·충만할 수 있도록 무엇을 했습니까?

29~30절에서 생육·번성·충만할 방법은 먹을 것을 공급하는 것입니다. 31절의 『보시기에 좋았더라』는 인간이 생물에게 하나님께서 정해

---

53) "그가 가축을 위한 풀과 사람을 위한 채소를 자라게 하시며 땅에서 먹을 것이 나게 하셔서". 시 104:14.

주신 먹을 것을 공급했다는 뜻입니다. [54)]

　그것을 알 수 있는 것이 창세기 2장입니다. [55)] 『여호와 하나님이 땅과 하늘을 만드시던 날에 여호와 하나님이 땅에 비를 내리지 아니하셨고 땅을 갈 사람도 없었으므로 들에는 초목이 아직 없었고 밭에는 채소가 나지 아니하였으며』(창 2:4~5). 하나님께서 창조하신 세상에 아직 풀과 나무, 채소가 나지 않았습니다. 하나님께서 땅에 비를 내리지 아니하셨고, 땅을 갈 사람도 없었기 때문입니다. 풀, 나무, 채소는 인간과 동물들의 먹을거리입니다. 그런데 아직 풀, 나무, 채소가 없으니 하나님의 창조 세계가 생명으로 가득하게 되는 창조목적이 이루어질 수 없었습니다.

　이에 하나님은 『안개만 땅에서 올라와 온 지면을 적셨더라』(창 2:6). 하나님께서 땅에 물을 공급하십니다. 그것은 하늘에서 비가 내리는 방식이 아니라 땅에서 안개가 올라와서 온 지면을 충분히 적시는 방법이었습니다. 이리하여 식물이 자라기 위한 물 문제를 해결하십니다. 그리고 이어서 『여호와 하나님이 땅의 흙으로 사람을 지으시고 생기를 그

---

54)　"모든 창조의 날은 "그대로 되었다"는 결론에 이른다. 그대로 되었다는 말은 모든 사람에게 그리고 짐승들에게 먹거리가 제공되었음을 말한다." 이세령, 『바닥을 기는 창세기』, 깃드는 숲, 2024, 24.

55)　창세기 1장과 2장은 시간의 연속이 아니다. 1장은 책의 목차처럼 7일 동안 창조했고 마지막에 사람을 지으시고 생명으로 가득한 세상이 되도록 먹을 것을 정해 주셨는데 그대로 되어 하나님이 보시기에 선했다는 창조의 총론이다. 2장은 그 가운데 인간 창조에 초점을 맞추고 있다. 창세기 2:4~5은 셋째 날 땅과 바다가 나누어진 후 식물이 나기 전의 모습이다. 그리고 2:7은 6일째 인간 창조를 세밀하게 보여 주고 있다. 예를 들어 1:27은 하나님의 형상으로 남자와 여자로 창조되었고 그들이 정복하고 다스리는 사명을 받았다면, 2장에서는 사람이 땅을 갈게 하기 위해 창조되었으며, 에덴동산에 살며 그것을 경작하며 지키게 하셨고, 선악과를 먹지 말라는 언약을 체결했으며, 그 후에 아담의 갈빗대로 돕는 배필로서 여자를 만들었다고 구체적으로 알려 주고 있다. 1장이 한국을 8도라고 설명했다면 2장은 8도 가운데 제주도의 시와 군을 설명한 것이라고 할 수 있다.

비전을 찾는 그대에게

코에 불어넣으시니 사람이 생령이 되니라』(창 2:7). 인간을 지으십니다. 문맥으로 볼 때 땅을 갈 사람으로 지으신 것입니다. 하나님은 인간을 일하게 하고자 지으신 것입니다.

어떤 일입니까? 초목과 채소가 자라도록 돌보는 것입니다. 인간과 동물에게 양식을 공급하기 위한 노동입니다. 이처럼 인간은 처음부터 일하기 위해 지음을 받았으며, 인간이 일하는 목적은 단순히 자기만 먹고 살기 위해서가 아니라 타인과 동물들까지도 함께 생육·번성·충만하게 하기 위해서입니다.

어떻게 모든 생명이 생육·번성·충만할 수 있을까요?

세계식량계획(WFP)에 따르면 매년 세계에서 100억 명이 먹을 수 있는 식량이 생산되고 있음에도 2021년 현재 매년 900만 명이 굶어 죽고 있다고 합니다. 내 창고에만 썩도록 쌓기 때문입니다(눅 16:19~31).

모든 생명이 생육·번성·충만할 방법은 거둔 열매를 혼자만 먹는 것이 아니라 함께 나누어 먹는 것입니다. 그것을 보여 주는 것이 출애굽기 16장의 '만나'입니다. 만나는 광야에서 하나님께서 내려 주신 매일의 양식입니다. 백성은 아침마다 들로 나가서 만나를 거두어야 했습니다. 그런데 다 거두면 만나를 거두러 나가지 못한 사람들과 똑같이 나누어 먹었습니다. 그리하여 광야에서 생활하는 동안에 이스라엘 백성들이 한 사람도 굶어 죽지 않았습니다(참조. 신 8:4). 교회의 모델인 초대교회도 사도들이 큰 권능으로 주 예수의 부활을 증언하니 무리가 큰 은혜를 받아 서로의 것을 나눔으로 가난한 자가 없었습니다(행

4:33~35). 다 같이 생명을 누린 것입니다.

『여호와 하나님이 동방의 에덴에 동산을 창설하시고 그 지으신 사람을 거기 두시니라』(창 2:8). 사람이 에덴에서 일하니까 9절에 보기에 아름답고 먹기에 좋은 나무가 자랍니다. 에덴에서 흘러나온 물이 4개의 큰 강이 되었으니 에덴은 물이 엄청나게 많은 곳입니다. 물이 쉬지 않고 쏟아지는 곳입니다. 그리고 노동할 인간이 있는 곳입니다. 인간의 노동을 통해 식물들이 번성하여 세상에서 먹을 것이 가장 풍성한 곳입니다. 인간이 정복하고 다스리는 왕 같은 제사장적 삶을 통해 그 안에 사는 모든 생명이 양식을 공급받아 생육·번성·충만한 곳입니다.[56] 이러한 아담의 순종을 통해 범죄하기 전까지 하나님의 임재(창 3:8)와 안식을 누리던 곳입니다(창 2:2~3). 에덴은 하나님의 꿈이 성취된 하나님나라의 원형입니다.

그러므로 아담은 창조 세계의 왕이라고 해서 창조물 위에 군림하

---

56) 에덴에서 인간도 생육·번성·충만했는가? 인간에게 생육·번성·충만하라 하셨고, 범죄 이후 잉태하는 고통을 크게 더했으므로 잉태할 능력은 있었다. 하지만 2장 끝에서 아담과 하와의 결혼이야기가 나오고 3장에 뱀의 시험과 범죄로 연결되는 것으로 보아 하와가 만들어지고 오래지 않아 선악과를 먹었다고 볼 수 있다. 그리고 4장에서 아담과 하와가 '동침'하고 가인을 낳았다는 말이 나오는 것으로 보아 그 전에는 동침하지 않았을 수도 있다. 따라서 에덴동산에서 사람은 아담과 하와 둘만이 있었을 것이다. 또 범죄 후에 죄가 아담의 후손에게 전가되는데 만약 범죄 이전에 자녀를 낳았다면 그 자녀는 죄인이 아닌 것이 되므로 범죄 이전 에덴동산에서는 자녀가 없었다고 보아야 한다.
그러나 창세기는 우주를 창조하신 엄청난 사건을 단 몇 줄로 요약해서 설명하기 때문에 성경에서 말하지 않는 부분에 대해서는 호기심을 절제하는 것이 필요하다. 여기서 강조하는 것은 창조 세계를 향한 하나님의 목적과 인간의 위치와 사명, 그리고 하나님나라의 원형으로서 하나님나라의 원리를 가르치므로 거기에 집중하자.

비전을 찾는 그대에게

며 빼앗거나 혼자만 잘사는 것으로 만족해서는 안 됩니다. 식물도 생육 · 번성 · 충만하도록 농사하고, 일한 열매를 동물에게도 제공하여 하나님께서 창조하신 세상을 생명으로 가득하게 만들어야 합니다.

이렇게 하나님의 꿈은 왕이 백성을 섬기므로 이루어질 수 있습니다. 하나님나라에서는 섬기는 자가 큰 자입니다. 아담이 섬김으로 통치하여 왕 같은 제사장의 사명을 감당할 때 에덴은 하나님의 꿈이 성취되어 하나님께서 보시기에 좋았습니다.

하나님은 하나님의 꿈이 이루어졌던 에덴을 통해 우리가 어떤 비전을 갖기 원하실까요?

작은 자를 섬기는 비전을 가집시다

하나님나라의 원형인 에덴을 통해 우리는 '백성을 섬기는 왕이 바른 통치자'임을 배웁니다. 하나님나라에서는 백성 위에 군림하는 자가 아니라 백성을 섬기는 자가 왕입니다. 작은 자를 돌보는 자가 큰 자입니다. 하나님의 목적을 위해 사는 자가 위대한 사람입니다. 이웃과 나누며 사는 자가 하나님의 꿈을 위해 사는 자입니다.

가장 중요한 사람이 지도자입니다. 이스라엘의 왕정 시대에 『다윗이 어디로 가든지 여호와께서 이기게 하시니라』(대상 18:6). 『다윗의 명성이 온 세상에 퍼졌고 여호와께서 모든 이방 민족으로 그를 두려워하게 하셨더라』(대상 14:17), 『이스라엘 중에 칼을 뺄 만한 자가 백십만 명이요 유다 중에 칼을 뺄 만한 자가 사십칠만 명이라』(대상 21:5), 『레위와 베냐민 사람은 계수하지 아니하였더라』(대상 21:6). 삼하 24장 9절에는 130만 명이라고 했습니다. 다윗은 베냐민 지파를 제외하고도 130만 명에서 150만 명 이상의 군대를 거느린 강대국을 세웁니다. 이는 앗수르나 바벨론처럼 제국이 될 수 있는 군사력입니다.

그러나 선한 왕 다윗은 세상 제국이 아니라 하나님 제국, 즉 하나님께서 통치하시는 나라를 세우고 싶었습니다. 그리하여 다윗은 먼저 법궤를 예루살렘에 안치했습니다. 이는 '하나님께서 우리의 왕'이시라는 신앙고백이며 '하나님의 말씀으로 통치하겠다'는 의지의 표현입니다. 다윗은 범사에 기도하고 왕이신 하나님께서 응답을 주시는 그대로 순종했습니다(삼상 23:2~5). 하나님께 성전을 지어 드리려고 했는데 이것은 하나님나라를 향한 열망을 보여 줍니다(삼하 7:2~5). 또 『다윗이 온 이스라엘을 다스려 모든 백성에게 정의와 공의를 행할새』(삼하 8:15; 대상 18:14). 의와 공평으로 통치하여 하나님의 마음에 합한 왕으로서 이후 왕들의 기준이 되고 메시아의 조상이 됩니다(행 13:22; 대하 28:1; 마 1:1). 지도자가 섬길 때 공동체는 하나님나라가 됩니다.

하지만 큰 자가 폭력으로 억압하고 강탈할 때 공동체는 지옥이 됩니다. 『유다와 예루살렘 주민이 므낫세의 꾀임을 받고 악을 행한 것이 여호와께서 이스라엘 자손 앞에서 멸하신 모든 나라보다 더욱 심하였더라』(대하 33:9), 『므낫세가 무죄한 자의 피를 심히 많이 흘려 예루살렘 이 끝에서

비전을 찾는 그대에게

저 끝까지 가득하게 하였더라』(왕하 21:16), 『여호와께서 유다를 향하여 내리신 그 크게 타오르는 진노를 돌이키지 아니하셨으니 이는 므낫세가 여호와를 격노하게 한 그 모든 격노 때문이라』(왕하 23:26), 『므낫세가 예루살렘에 행한 것으로 말미암아 내가 그들을 세계 여러 민족 가운데에 흩으리라』(렘 15:4). 악한 왕 므낫세가 우상을 숭배하게 하고 죄 없는 백성을 많이 죽이므로 유다는 하나님의 진노를 받아 이방 바벨론 제국에게 침략당하여 심판을 받습니다.

지금도 지도자가 군림하느냐 섬기느냐에 따라 공동체가 안식을 누리기도 하고 고통을 겪기도 합니다.

당신의 공동체는 하나님나라를 누리고 있습니까? 당신은 공동체에서 섬기는 자입니까, 군림하며 폭압하는 자입니까?

예수님은 가장 높으신 하나님의 아들이십니다(빌 2:6). 그런데 작은 자인 죄인을 섬기기 위해 비천한 인간이 되셨고 죽기까지 낮아지셨습니다(빌 2:7~8; 막 10:45). 그리할 때 하나님께서 예수님을 지극히 높여 주셔서 모든 이름보다 높은 이름을 주셨고, 모든 무릎을 예수님의 이름에 꿇게 하시고, 모든 입으로 예수님을 주라 시인하게 하셨습니다(빌 2:9~11). 작은 자를 섬기기 위해 낮아지실 때 높여 주신 것입니다. 이것이 하나님나라의 원리입니다. 하나님나라에서는 가장 작은 자를 섬기는 자가 가장 높임을 받습니다. 그래서 예수님께서 『나는 섬기는 자로 너희 중에 있노라』(눅 22:27)라고 모범을 보이셨고 『너희 중에 큰 자는 너희를 섬기는 자가 되어야 하리라』(마 23:11)라고 명하신 것입니다. 따라서 『왕 같은 제사장』(벧전 2:9)으로 부름받은 성도는 세상 속에서 군림하는 왕이 아니라 '섬기는 왕'으로 살아야 합니다.

어떤 사람이 작은 자를 섬길 수 있을까요?

a. 스스로를 가장 작은 자로 여기는 사람입니다

스스로를 가장 작은 자로 인정하는 겸손한 사람만이 작은 자를 섬길 수 있습니다. 스스로를 큰 자로 여기는 자는 교만하여 높임 받으려 합니다. 대접해 주지 않으면 섭섭해하며 힘으로 작은 자를 억압하고 그의 것을 빼앗습니다. 하지만 자기를 작은 자로 여기는 사람은 타인을 자기보다 큰 자로 여기므로 겸손히 섬깁니다. 우리는 피조물이고 지옥에서 영원형벌 받아 마땅한 비천한 죄인이었습니다. 이것을 아는 성도는 자기를 가장 낮은 자로 여깁니다.

b. 하나님께서 나에게 주신 것 속에는 이웃의 것도 들어 있음을 아는 사람입니다

아담이 거둔 것 속에는 아담을 위한 양식만이 아니라 아담이 돌보아야 할 생명의 양식도 포함되어 있었습니다. [57] 하나님은 나의 수고에 대해 나와 가족만이 아니라 이웃과 나눌 수 있는 것도 담아 주십니다(출

---

57) "경작하여 일하지만 내 노력과 수고에는 다른 사람의 몫이 들어 있다." 이세령, 앞의 책, 198.

16:16). 그것을 아는 사람은 자기보다 궁핍하거나 약한 자에게 무관심하거나 그를 함부로 멸시하지 않습니다. 나의 소유를 하나님께서 맡기신 것으로 여겨 그것을 자원하여 작은 자와 나눕니다.

오늘날 우리는 수많은 '죽음의 문화' 속에 살고 있습니다. 경쟁, 비교, 혐오, 왕따, 단절, 우울, 폭력, 낙태, 자살 등 생명을 경시하고 훼손하는 흐름은 점점 더 강해지고 있습니다. 이런 현실 속에서 교회와 성도는 생명의 반대편에 서 있는 가치들과 싸우고, 생명을 지키는 사명을 감당해야 합니다. 자녀를 양육하는 부모, 후배를 가르치는 교사, 영적 생명을 전하는 복음 전도자, 정서적 회복을 돕는 상담자, 가난한 이웃을 돕는 기부자, 하나님나라를 위한 기도자 모두가 생명 사역자입니다. 우리가 만나는 사람들과 공동체 안에서 생명을 불어넣는 말, 용서와 격려, 진리를 나누는 행위, 사랑을 공급하는 일 모두가 비전을 이루는 행위입니다. 우리가 생명을 살릴 때, 우리는 하나님의 꿈을 이루는 자가 됩니다.

'옥수수 박사'로 알려진 김순권 씨는 평생 옥수수를 연구하여 병충해에 강한 품종을 많이 개발했습니다. 옥수수는 우리 주변에서 흔히 볼 수 있는 농산물 중의 하나지만 가난한 나라에서는 밥을 대신하는 귀한 양식입니다. 김순권 박사는 북한과 나이지리아, 에티오피아, 필리핀, 방글라데시 등 먹을 것이 없어 굶주리는 곳에 자신이 개발한 옥수수 품종을 제공하고 농업기술자들을 교육하여 그들의 식량 문제를 해결할 수 있도록 도왔습니다. 그리하여 나이지리아의 명예 추장(마에군:

가난한 자를 배불리 먹인 자)이 되고, 노벨 평화상과 노벨 생리학·의학상 후보로도 여러 번 추천을 받았습니다.

우리는 자기에게 주어진 일에 최선을 다해 연구하며 성실하고 정직하게 일하여 전문가가 되려고 해야 합니다. 우리가 탁월해지려는 목적은 그렇지 못한 이웃을 돕기 위해서입니다. 저는 목사로서 성경과 신앙 지식을 많이 쌓으려고 열심히 공부하고 기도하고 연구합니다. 성경을 모르고 신앙이 약한 분들에게 그 지식을 나누어 주기 위해서입니다. 하나님께서 다른 사람에게 없는 것을 '나에게 맡기신 목적'은 혼자 누리라고 주신 특권이 아니라 나에게 있는 것으로 그것이 없는 사람들에게 하나님을 대신해 공급하라는 '부르심'입니다. 그러므로 작은 자를 섬기는 비전을 가집시다. 내가 가진 것으로 그것이 없는 사람에게 나누는 사람이 섬김으로 통치하는 왕 같은 제사장입니다. 하나님나라를 가져오는 공동체의 지도자이며 하나님나라에서 큰 자입니다. 이런 성도들은 새 하늘과 새 땅에서 『하나님과 그리스도의 제사장이 되어 천 년 동안 그리스도와 더불어 왕 노릇』(계 20:6)할 것입니다. 하나님께서 주신 복으로 겸손히 그것이 없는 자들과 나누어 평화 가운데 함께 생육·번성·충만해지는 것이 에덴에서 꿈꾸신 하나님나라이며 우리의 비전입니다.

우리의 비전	하나님의 전략	하나님의 꿈을 위하여!
평화 가운데 생명으로 가득한 세상	하나님을 대신하는 왕 같은 제사장으로 인간을 세움	작은 자를 섬기는 비전을 가지라 스스로를 가장 작은 자로 여기라 수고하여 거둔 열매를 이웃과 자연과 나누라

비전을 찾는 그대에게

정리 및 나눔

1. 하나님께서 창조하신 세상이 생명으로 충만하려면 우리에게 어떤 비전과 태도가 필요할까?

2. 당신은 '생명을 살리는 사명'을 일상에서 어떻게 실천하고 있는가?

3. 에덴은 어떤 곳인가? 범죄하기 전 에덴의 모습이 오늘날 우리 공동체에 주는 교훈은 무엇인가?

4. 주변인 중에 '왕 같은 제사장'처럼 공동체를 섬긴 사례를 나누어 보라. 그들의 섬김이 공동체에 어떤 영향을 주었는가?

5. 하나님께서 다른 사람에게는 없는 것을 나에게 (   )신 목적은 나 혼자 이기적으로 남용하라는 (   )이 아니라 내가 가진 것이 없는 사람에게 내가 가진 것으로 하나님을 (   )해 공급하라는 (   )이다.

6. 하나님께서 내게 주신 자원(지식, 재능, 시간, 재정 등) 속에 이웃의 몫도 담겨 있다고 느낀 적이 있는가? 나에게 있는 것으로 그것이 없는 이웃을 어떻게 섬기겠는가?

7. 오늘 받은 은혜를 나누고 마태복음 23장 11절을 암송하라.

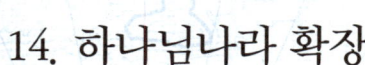

14. 하나님나라 확장

『내가 너를 이방의 빛으로 삼아 너로 땅 끝까지 구원하게 하리라』 (행 13:47)

예수님의 꿈은 죄인을 구속할 복음을 완성하고, 자기 백성을 다 구원하여, 새 하늘과 새 땅에 데려가는 것입니다.

십자가와 부활로 시작된 하나님나라는 예수님이 다시 오심으로 완성될 것입니다. 역사상에 남은 예수님의 꿈은 자기 백성들을 다 구원하는 하나님나라 확장입니다.

그런데 『주 예수께서 말씀을 마치신 후에 하늘로 올려지사 하나님 우편에 앉으시니라』(막 16:19)라는 말씀처럼 예수님은 혼자 하늘로 승천하셨습니다.

예수님이 하늘로 혼자 가신 이유

a. 우리의 처소를 예비하기 위해서입니다

『내가 너희를 위하여 거처를 예비하러 가노니 가서 너희를 위하여 거처

비전을 찾는 그대에게

를 예비하면 내가 다시 와서 너희를 내게로 영접하여 나 있는 곳에 너희도 있게 하리라』(요 14:2~3). 새 하늘과 새 땅은 하나님의 꿈이 온전히 성취될 곳으로 하나님의 영광이 충만할 것입니다. 앞으로 우리가 가서 영원히 살 하늘나라이며 하늘 아버지의 집입니다. 예수님께서 그곳을 준비하고 계십니다. 예수님은 6일 동안에 끝없이 넓은 우주를 이렇게 아름답고 정교하게 지으셨습니다. 그렇다면 목수 출신이신 예수님께서 2,000년이 넘도록 예비하고 계시는 새 하늘과 새 땅은 얼마나 아름답겠습니까? 아마 우리가 그곳에 들어가면 그 영광스러움에 놀라서 기절할 것입니다. 그래서 계시록에서는 그곳을 표현할 때 지상의 언어로는 그 아름다움을 다 표현할 수가 없어서 이 땅에서 가장 아름다운 보석들로 표현을 했습니다. 그것은 거기가 보석이라는 광물로 지어졌다는 것이 아니라 우리가 상상할 수 없을 만큼 고귀하며 아름답다는 의미입니다. 그 처소를 다 준비하시면 예수님은 오셔서 우리를 그곳으로 데려가실 것입니다.

b. 하늘과 땅의 모든 권세를 받으시기 위함입니다

『하늘과 땅의 모든 권세를 내게 주셨으니』(마 28:18), 『그는 하늘에 오르사 하나님 우편에 계시니 천사들과 권세들과 능력들이 그에게 복종하느니라』(벧전 3:22). 예수님은 성부 하나님께 우주통치의 권세를 받아 다스리시기 위해 승천하셨습니다. 그렇다면 승천은 만왕의 왕으로서의 귀환이며 지금 역사는 예수님이 다스리십니다.

c. 우리를 위해 중보기도 하시기 위함입니다

『예수는 우리를 위하여 간구하시는 자시니라』(롬 8:34; 히 7:25)는 말씀처럼, 예수님은 하늘 보좌 우편에서 우리를 위해 기도하시려고 승천하셨습니다. 지금도 주님은 우리를 위해 하나님 아버지께 간구하시며, 그분의 중보하심이 있기에 우리는 날마다 은혜와 힘을 얻습니다.

d. 우리에게 성령을 보내시기 위함입니다

『내가 떠나가는 것이 너희에게 유익이라 내가 떠나가지 아니하면 보혜사가 너희에게로 오시지 아니할 것이요 가면 내가 그(보혜사)를 너희에게로 보내리니』(요 16:7). 예수님이 승천하셔야 보혜사 성령님을 보내 주실 수 있습니다. 성령님이 우리에게 임하셔야 거듭나고 진리가 깨달아져 예수님을 구원자로 믿어집니다. 성령님이 교회를 세우고 봉사와 예수님 닮은 성숙과 전도할 수 있는 성령의 은사와 열매와 권능을 주십니다. 그러한 성령님을 우리에게 보내시기 위해 혼자 가신 것입니다.

이처럼 예수님은 우리를 위해 새 하늘과 새 땅을 준비하시고자 승천하셨습니다. 우리에게 성령을 보내시기 위해 가신 것입니다. 세상을 다스릴 권세를 받아 통치하시기 위해 귀환하신 것입니다. 우리를 위해 중보기도 하시려고 하나님 보좌 우편에 앉으신 것입니다. 그러므로 우리를 버리신 것이 아니라, **'먼저' 가셔서 우리의 구원과 사명을 위해 일**

비전을 찾는 그대에게

하고 계십니다.

그러면 왜 우리를 지금 데려가지 않고 세상에 남겨 두셨을까요? 어떤 삶을 살다가 새 하늘과 새 땅에서 만나기를 기대하실까요?

본문은 예수님이 승천하시기 전에 남기신 마지막 말씀으로 예수님께서 우리를 통해 세상에서 이루기 원하시는 예수님의 꿈이 담겨 있습니다. 예수님은 승천하시며 우리에게 예수님의 꿈을 이루기 위한 비전을 주셨습니다.

예수님이 지상교회에 남기신 비전이 무엇입니까?

하나님나라를 확장하는 세계 복음화의 비전을 주셨습니다

『또 그의 이름으로 죄 사함을 받게 하는 회개가 예루살렘에서 시작하여 모든 족속에게 전파될 것이 기록되었으니 너희는 이 모든 일의 증인이라』(눅 24:47~48). 모든 족속에게 가서 예수님을 믿으면 죄를 용서받는다는 회개의 복음을 전하는 자로 제자들을 세우셨습니다.

『만민에게 복음을 전파하라』(막 16:15). 모든 백성에게 찾아가 복음을 전하라고 명령하셨습니다.

『그러므로 너희는 가서 모든 민족을 제자로 삼아 아버지와 아들과 성령의 이름으로 세례를 베풀고 내가 너희에게 분부한 모든 것을 가르쳐 지키게 하라』(마 28:19~20). 모든 민족을 예수님의 제자로 만들라 명령하셨습니다. 예수님의 제자로 만드는 방법이 2가지인데 하나는, 삼위 하나님의 이름으로 세례를 베푸는 것입니다. 세례는 내 입술로 예수님이 나의 구주라고 모든 사람 앞에서 신앙을 고백하는 행위입니다. 그러므로 세례를 베풀라는 의미는 예수님을 구원자로 믿고 주인이신 예수님에게 삶을 드리는 신앙을 고백하도록 예수님을 전하라는 뜻입니다. 또 하나는, 예수님의 모든 명령을 지키며 살도록 가르치라는 것입니다. 입술로 신앙을 고백할 뿐만 아니라 주의 말씀을 삶으로 지키도록 가르치라는 뜻입니다. 마태복음 28장에 의하면 교회는 모든 민족이 예수님께 신앙을 고백하도록 전하고 그분의 명령에 순종하며 살도록 가르쳐야 합니다.

『오직 성령이 너희에게 임하시면 너희가 권능을 받고 예루살렘과 온 유대와 사마리아와 땅 끝까지 이르러 내 증인이 되리라 하시니라』(행 1:8). 성령님이 우리를 예수님의 증인이 되게 하실 것입니다.

예수님이 승천하시기 전에 제자들에게 하셨던 4가지 말씀을 정리하면 '세계 복음화란 성령을 의지하고 땅끝까지 가서, 만나는 모든 사람이 죄를 회개하고 예수님을 구주로 고백하도록 복음을 전하고, 주님의 말씀대로 살도록 성경을 가르치는 총체적인 사명'입니다.

세계 복음화를 지상명령이라고 부릅니다. 지상명령은 '가장 높은(至上) 명령'이라는 뜻입니다. 계명 중에도 가장 큰 계명이 있습니다. 하나님을 사랑하는 것입니다(막 12:28~30). 마찬가지로 땅에 사는 교회

비전을 찾는 그대에게

가 해야 할 주님의 명령들이 있는데 그 가운데 반드시 순종해야 할 으뜸 되는 명령은 예수님을 전하는 것입니다.

만약 다른 명령은 지키면서 하나님을 사랑하지 않는다면 다른 모든 명령도 제대로 지킨 것이 아닙니다. 왜냐하면, 하나님을 사랑하는 것이 다른 모든 명령을 지킬 수 있게 만드는 힘이기 때문입니다. 마찬가지로 최고의 명령인 복음을 전하지 않는다면 다른 명령을 지켜도 온전히 지킨 것이 아닙니다. 왜냐하면, 모든 이웃 사랑의 계명의 궁극적인 목적이 구원하는 것이기 때문이며, 구원은 오직 복음 전파로만 가능하기 때문입니다. 사랑이 모든 계명을 지키게 하는 힘이라면, 구원은 모든 이웃 사랑 계명이 추구하는 열매이기 때문입니다. 그러므로 우리는 이웃이 구원받기를 간절히 구하며 사랑으로 복음을 전하기를 힘써야 합니다.

세계 복음화의 비전을 어떻게 이룰 수 있을까요?

우리를 생활 선교사로 파송하셨습니다

『아버지께서 나를 보내신 것 같이 나도 너희를 보내노라』(요 20:21). 선교학에서는 이 말씀을 '선교 명령'이라고 부릅니다.[58] 아버지께서 예수님을 보내셨습니다. 예수님도 우리를 보내셨습니다.

---

58) 방동섭, 앞의 책, 80.

'보내다($\pi\acute{\epsilon}\mu\pi\omega$)'는 라틴어로 '미씨오(missio)'인데 여기서 '미션(사명, 선교사)'이 나왔으며 왕을 대리하는 사신, 대사를 의미할 때 사용합니다. 즉 타국에서 왕을 대신하여 왕의 명령을 전하라고 보냄받은 자입니다. 모든 성도는 예수님을 대신해 세상에 보내어진 사람들입니다. 예수님으로부터 일상에 파송 받은 '생활 선교사'입니다. 그러므로 세계 복음화는 모든 교회, 모든 성도가 해야 합니다. 자신을 선교사로 인식하고 일상에서 선교하며 살아야 합니다.

어떻게 선교하며 살까요?

우리의 구원자이신 예수님은 또한 우리 삶의 모범이 되십니다. 예수님은 삶으로 선교를 보여 주셨으므로 예수님처럼 사는 것이 곧 선교입니다.

예수님은 어떻게 사셨습니까?

『예수께서 온 갈릴리에 두루 다니사 그들의 회당에서 가르치시며 천국 복음을 전파하시며 백성 중의 모든 병과 모든 약한 것을 고치시니』(마 4:23, 9:35). 선교사인 예수님께서 가르치신 것은 '사회 구원'을 위해 진리로 교육하신 것이고, 전파하신 것은 '영혼 구원'을 위해 복음 전도하신 것이며, 고치신 것은 '육체 구원'을 위해 몸과 마음을 돌보신 것입니다. 이렇게 예수님은 전인 구원을 위해 사랑으로 섬기셨습니다.

그래서 목회자와 선교사들도 전하고 가르치고 고치는 사역을 동시적으로 합니다. 전파 사역은 예배와 전도, 성경 공부를 통해 복음을 전하는 것입니다. 교육 사역은 주일학교, 기독교학교, 악법 철폐, 기독교 출판, 선한문화운동 등입니다. 의료 사역은 의료봉사, 고아원, 호스피스, 상담, 기부, 구제 같은 복지 사역에 해당됩니다.

선교			
예수님	전하고	고치고	가르치고
영역	영혼 구원	육신 구원	사회 구원
교회사역	복음 전파 사역	치유 사역	교육 사역
참여 방법	예배, 전도, 성경공부	의료봉사, 구제, 상담, 고아원, 사회복지 사역	주일학교, 기독교학교, 신앙서적, 선한 문화

어떻게 선교적인 삶을 살 수 있습니까?

우리가 모두 땅끝까지 선교사로 나가야 하는 것은 아닙니다. 세계 복음화에는 세계 안의 모든 복음화가 다 포함됩니다. 곳곳의 복음화는 그곳에 있는 성도들이 해야 합니다. 가정 복음화는 먼저 믿은 가족이 해야 합니다. 지역 복음화는 그 지역에 있는 교회들이 해야 합니다. 직장 복음화는 믿는 직장인이 해야 합니다. 학원 복음화는 믿는 학생들이 해야 합니다. 자신이 있는 자리에서 선교적인 삶으로 복음을 전하는 것이 세계 복음화에서 맡은 역할을 하는 것입니다.

평생 복음을 전하고 성경을 가르치며 사는 목회자나 타 문화권에 가서 외국인에게 사역하는 선교사는 특별한 부르심을 받은 사람이 하면 됩니다.

그러나 모든 성도는 자기가 사는 곳, 가는 곳에서 만나는 모든 비신자에게 기회를 따라 예수님을 전해야 합니다. 일상생활에서 섬기고 전하고 가르치는 것이 세계 복음화를 위한 선교적인 삶입니다.

또 선교 사역을 후원하는 등 교회가 하는 사역에 적극적으로 참여하면 됩니다. 자신의 믿음과 형편에 맞게 몸으로, 물질로, 시간으로, 재능으로, 은사로, 삶으로 하나님나라를 위해 동역하면 됩니다.

청지기 의식으로 봉사하고 빚진 자 의식으로 전도하는 선교적인 삶을 삽시다

바울은 빚진 자 의식을 가지고 빚을 갚는 심정으로 복음을 전하며 살았습니다(롬 1:14~15). 따라서 그가 빚을 졌다는 의미는 복음을 먼저 받은 것을 말합니다. 복음을 받은 성도에게 성령님은 빚진 자의 마음을 주십니다. 어떤 사람이 믿지 않는 것이 내 책임이라는 거룩한 부담감, 복음을 전해야 한다는 채무 의식, 죄로 죽은 영혼을 불쌍히 여기는 마음과 복음을 전하려는 열정을 주십니다. 그러므로 구원받은 성도는 마땅히 갚아야 할 빚을 갚는 심정으로 복음 전하기에 힘써야 합니다.

또 성도는 나의 것은 다 주님이 맡기신 것이라는 청지기 의식을 가져야 합니다. 실제로 내 생명과 건강과 지식과 재산을 포함한 나의 모든 것이 다 주님의 것인데 주께서 나에게 맡기신 것이기 때문입니다. 또

비전을 찾는 그대에게

예수님을 믿는다는 것은 내 삶을 주님께 드린 것이기 때문입니다. 그리고 우리가 죽으면 모든 것을 다 놓고 가야 하고 주님이 맡기신 것을 어떻게 사용했는지 책임을 물으실 것이기 때문입니다. 그렇다면 내가 가진 모든 것은 이 땅에 사는 동안 하나님의 꿈을 위해 사용하라고 잠시 맡겨 주신 것입니다. 성도는 청지기 의식을 가지고 주인이신 주님의 최고 명령을 위해 나의 모든 것을 사용해야 합니다.

그렇게 선교사의 정체성을 가지고 세계 복음화의 비전을 이루기 위해 주님이 맡기신 모든 것을 동원하여 빚을 갚는 심정으로 복음을 전할 때 성령님이 역사하셔서 듣는 사람 가운데 예수님을 믿는 구원역사가 일어나게 하십니다. 『주의 말씀이 그 지방에 두루 퍼지니라』(행 13:49) 그랬더니 『이방인들이 듣고, 영생을 주시기로 작정된 자는 다 믿더라』(행 13:48)라고 했습니다. 『두루 퍼지니라』는 '복음화'로 우리에게 주신 비전입니다. 『이방인들이 듣고』는 '복음 전파'로 우리의 사명입니다. 그 결과 『영생을 주시기로 작정된 자는 다 믿더라』. '예수님의 꿈'이 이루어집니다. 우리가 복음을 전할 때 예수님께서 자기 백성을 구원하시어 꿈을 이루십니다.

우리의 사명		우리의 비전		예수님의 꿈
복음 전파	→	복음화	→	자기 백성을 다 구원
『이방인들이 듣고』		『주의 말씀이 두루 퍼지니라』		『영생을 주시기로 작정된 자는 다 믿더라』

당신은 세계 복음화의 비전을 위해 생활선교사라는 정체성을 가지

울산제일중학교의 강혜숙 선생님은 점심시간에 학교에서 학생들을 모아 예배를 드립니다. 2006년 3월 15일에 학교 모임에 가서 설교했습니다. 놀랍게도 1, 2부로 나누어서 예배를 드리고 있었습니다. 1부는 1학년, 그 후 2부로 2, 3학년이 예배를 드립니다. 더 놀라운 것은 3월 15일이면 입학한 지 15일밖에 되지 않았는데도 점심시간에 1학년 신입생만 100여 명이 모였습니다. 그날 모임에 총 150여 명이 왔고 제가 설교한 다음 날은 200여 명이 왔다고 연락이 왔습니다. 제가 "어떻게 전도했습니까?"라고 묻자 "저는 그냥 기도하고 여러분 가운데 앞으로 세계를 이끌어 갈 지도자가 될 사람만 점심때 음악실로 오라"고 했다는 것입니다. 어떻게 그 말만 했는데 그처럼 많은 학생이 몰려올 수 있을까요? 강혜숙 선생님에게는 새벽마다 영혼들을 위해 흘리는 눈물의 기도가 있습니다. 학생들을 주님의 마음으로 아끼는 사랑이 있습니다. 그래서 강 선생님의 말씀 한 마디, 한 마디에는 학생들의 마음을 변화시키는 능력이 있습니다. 소위 '짱'이라는 학생은 교무실에서 벌 받고 있는데 지나가며 강 선생님이 던진 "착한 애가 벌을 받고 있구나"라는 한마디의 말에 그날로 '착한 학생'으로 변화되어, 모든 교사를 놀라게 했으며 스스로 교회에 나오고 전도 왕까지 되었다고 합니다. 학교 측과 불신교사와 학부모로부터 지속적인 방해와 핍박이 있기 때문에 선생님은 기도가 없이는 승리할 수 없다며 목숨 걸고 새벽마다 하나님께 나아갑니다. 가정이 해체되거나 부모님의 사랑을 받지 못하거나 가난한 학생들에게 선생님이 먼저 찾아가 함께 울어 주고 위로하며 섬깁니다. 그래서 학생들이 하루에도 몇 번씩 교무실로 와서 선생님의 얼굴을 보고 가곤 한답니다. 강 선생님에게서 자신을 품어 주는 하나님의 사랑을 느끼기 때문입니다. 그렇게 다가오는 학생들에게 복음을 전합니다. 그러한 사랑과 복음을 받은 학생들이 변화되는 것입니다. 지금도 세상은 하나님의 사랑을 보여 주고 복음을 전해 줄 생활선교사를 찾습니다.

우리의 비전	하나님의 전략	하나님의 꿈을 위하여!
세계 복음화	성도를 세상에 생활선교사로 파송하심	일상에서 청지기 의식으로 봉사하라 빚진 자 의식으로 전도하라

정리 및 나눔

1. 예수님이 우리를 남겨 두고 하늘로 가신 것은 하늘과 땅의 모든 (   )를 받으시기 위해서, (   )을 보내시기 위해서, 우리를 위해 (   )하시기 위해서, 우리의 처소를 (   )하기 위해서다. 그러므로 우리를 버리고 가신 것이 아니라 (   ) 가신 것이다.
   위의 사실이 당신의 신앙생활에 어떤 영향을 주는가?

2. 예수님이 남기신 '하나님나라 확장'이라는 비전을 나는 어떻게 감

당하고 있는가?

3. 고치시고 = (   ) = (   ) 구원
   전파하시고 = (   ) = (   ) 구원
   가르치시고 = (   ) = (   ) 구원
   당신의 삶 속에서 실천할 수 있는 것은 무엇이며, 어떻게 실천할
   것인지 나누어 보라.

4. 세계 복음화를 이루기 위해 예수님은 우리를 일상에 (   )선교
   사로 (   )하셨다(요 20:21)는 사실이 당신의 정체성과 삶의 방
   식에 어떤 변화를 가져와야 한다고 생각하는가?

5. 주변에서 알고 있는 생활선교의 모범 사례를 나누어 보라. 어떤
   점을 배우고 싶은가?

6. 당신은 파송받은 생활선교사로서 일상에서 어떻게 살겠는가?

7. 오늘 받은 은혜를 나누고 요한복음 20장 21절을 암송하라.

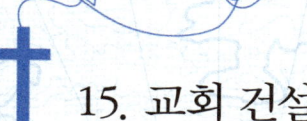

15. 교회 건설

『믿는 무리가 한마음과 한 뜻이 되어 모든 물건을 서로 통용하고 자기 재물을 조금
이라도 자기 것이라 하는 이가 하나도 없더라 사도들이 큰 권능으로 주 예수의 부활
을 증언하니 무리가 큰 은혜를 받아 그 중에 가난한 사람이 없으니 이는 밭과 집 있
는 자는 팔아 그 판 것의 값을 가져다가 사도들의 발 앞에 두매 그들이 각 사람의 필
요를 따라 나누어 줌이라』(행 4:32~35)

복음으로 자기 백성을 구원하고 거룩하게 변화시켜 예배자로 만드
는 것이 성령님의 꿈입니다. 이 꿈을 이루고자 성령님은 오순절 날 강
림하셔서 교회를 세우셨습니다. 본문은 사도행전 2~4장의 결론적인
말씀이며 성령님이 지상에 세우고 싶은 교회의 모습을 보여 줍니다.
마치 창세기 1장의 에덴동산이 '하나님나라의 원형'이듯이, 사도행전 4
장의 예루살렘 교회는 '지상교회의 원형'이라고 할 수 있습니다. 따라
서 지상에 존재하는 모든 교회는 예루살렘 교회와 같아지기를 추구해
야 합니다.

성령님이 주신 거룩한 비전이 무엇입니까?

교회를 세우는 비전을 주셨습니다

32절 『믿는 무리』는 예수님을 구주로 믿는 사람들입니다. 이를 고린

도전서 1장 2절에서는 『주 되신 예수 그리스도의 이름을 부르는 모든 자들, 성도라 부르심을 받은 자들, 하나님의 교회』라고 했습니다. 『믿는 무리』는 예수신앙공동체, 즉 교회입니다. 교회는 예수님을 구주로 믿어 구원받은 공동체입니다.

사람은 자기 생명을 가지고 태어나지만 스스로 태어날 수도 없고 혼자 살지도 못합니다. 사람이 태어나고 자라는 데는 생명을 위협하는 수많은 위험이 있기 때문입니다. 그러한 모든 배고픔, 질병, 외로움, 무지 등으로부터 보호해 주도록 하나님은 가정을 허락하셨습니다. 하나님은 사람을 이 땅에 보낼 때 가정을 통해 보내십니다.

마찬가지로 구원은 분명히 내 신앙으로 받지만, 하나님은 먼저 믿은 사람들의 공동체를 통해 우리가 신앙을 가지게 하고 보호하며 자라게 하십니다. 그렇게 하나님의 백성들을 구원하고 돌보라고 세우신 것이 교회입니다. 그렇다면 교회는 성도에게 절대적으로 필요한 '신앙의 가정'이고 '신앙의 어머니'라고 할 수 있습니다. 따라서 교회를 떠나서는 결코 바른 신앙을 가질 수도 없고 신앙이 건강하게 자라지도 못합니다. 그러나 완벽한 가정과 부모가 없듯이 지상교회도 완전하지 못하기 때문에 요한계시록 2~3장에 나오는 일곱 교회처럼 문제가 있습니다. 하지만 그것 때문에 교회를 떠나 가나안 성도가 되는 것은 아이가 집이 마음에 들지 않는다고 가출하는 것만큼이나 위험한 것입니다. 지상교회의 문제는 사탄과의 영적 싸움이므로 오히려 온 교회가 하나 되어 회개하고 말씀의 가르침을 따라 변화되므로 승리해야 합니다. 그래서

비전을 찾는 그대에게

예수님도 일곱 교회에게 '이기는 자가 되라'고 격려하셨습니다. 승리하는 신앙생활을 하려면 반드시 주님의 몸 된 지역교회에서 소속하여 돌봄을 받아야 합니다. 이처럼 교회는 성령님이 우리에게 주신 최고의 선물입니다. 성령님은 지상에 강림하셔서 우리를 위해 교회를 세우셨습니다. 따라서 우리의 비전은 지상에 교회를 세우는 것입니다.

세워진 교회는 무엇을 해야 할까요?

예수님의 십자가와 부활의 복음을 증언해야 합니다

33절 『사도들이 큰 권능으로 주 예수의 부활을 증언하니』. 교회 사명의 핵심은 예수님을 증언하는 복음 전파입니다. 주님은 교회에 사도, 선지자, 복음 전하는 자, 목사와 교사를 세우셨습니다(엡 4:11). 이 직분들은 하나님의 말씀을 전하고 가르치는 직분들입니다. 선지자는 구약시대에, 사도는 신약시대에 하나님께 말씀을 받아 성경을 기록하고 선포한 직분입니다. 현대에 남아 있는 말씀사역자는 복음 전하는 자와 목사, 교사인데 복음 전하는 자는 지금의 선교사라고 할 수 있습니다. 『사도, 선지자, 복음 전하는 자』 앞에는 각각 헬라어 정관사가 붙어 있는데 『목사와 교사』에는 하나만 붙어 있습니다. 이것은 목사와 교사가 한 직분임을 나타냅니다. 목사의 중요한 사역이 가르치는 것임을 강조한 표현으로 목사와 교사는 현대의 목회자[59]라고 할 수 있습니다.

하나님께서 교회에 말씀사역자를 세우신 목적이 무엇입니까?

사도들이 큰 권능으로 주 예수의 부활을 증언했듯이 말씀 사역자들은 예수님의 십자가와 부활의 복음을 증언해야 합니다. 교회에 오면 세상에서는 들을 수 없는 복음을 들을 수 있어야 합니다. 예수님이 우리를 구원하기 위해 행하신 일들을 말해 주어야 합니다.

예수님은 거룩하신 하나님의 아들이십니다. 그런데 사람이 되셨습니다. 사람이 되신 이유는 죄인 된 우리를 대신해 죽으시기 위해서입니다. 예수님은 죄가 없으심에도 우리를 사랑하사 우리를 위하여 십자가에서 죽으셨습니다. 그리고 죽음과 사탄을 이기시고 3일 만에 부활하셨습니다. 예수님은 우리를 죄와 죽음과 사탄에서 구원할 구주가 되셨습니다. 누구든지 예수님께 내 삶을 드리고 구주로 영접하면 죄를 용서해 주시고 영원한 생명을 선물하십니다.

교회는 왜 복음을 선포해야 합니까?

십자가에서 죽으시고 부활하신 예수님만이 죄인의 유일하고도 완전한 구주이시기 때문입니다. 예수님을 믿어야만 구원받을 수 있기 때문입니다. 예수님을 믿는 사람만이 교회가 될 수 있기 때문입니다.

---

59) "처음에 그리스도인들이 생겨나게 만드는 사역이야말로 선교사의 주된 과업이다." 랄프 윈터·스티븐 호돈 엮고씀. 정옥배 옮김, 『미션 퍼스펙티브』, 예수전도단, 2006, 233. 따라서 선교사는 타 문화권에서 순회하며 사랑으로 복음을 전하는 것이 주 사역이라면, 목회자는 지역교회에 정착하여 사랑으로 말씀을 가르치는 것이 주 사역이라고 할 수 있다(필자 주).

비전을 찾는 그대에게

성령님은 교회가 세워지고 확장되기를 원하십니다. 성령님은 복음을 믿게 하셔서 교회가 되게 하십니다. 그 일을 하도록 말씀사역자를 세우셨습니다. 그들을 통해 교회에서 예수님이 선포되기를 원하십니다.

예루살렘 교회에서 사도들에 의해 예수 복음이 전파되자 『**무리가 큰 은혜를 받**』(행 4:33)습니다. 큰 은혜를 받았다는 말은 하나님의 꿈을 위해 순종할 준비가 되었다는 뜻입니다. 하나님의 영광을 위해 살 준비가 되었다는 뜻입니다. 하나님나라를 위해 충성할 자세가 되었다는 뜻입니다. 하나님의 백성다운 삶을 살 힘을 얻었다는 뜻입니다. 따라서 참은혜를 받은 성도는 반드시 자원하여 기쁨으로 헌신합니다. 이렇게 성령님은 세운 말씀사역자의 복음 설교를 통해 은혜를 베푸십니다.

모일 때마다 예수 복음을 선포하는 것이 교회의 비전이고 동시에 사명입니다.

은혜받은 교회는 어떤 모습이 될까요?

서로의 필요를 채워 주는 섬김공동체가 되어야 합니다

은혜를 받으면 반드시 나타나는 것이 사랑으로 이웃을 섬기는 거룩한 변화입니다. 부활의 복음이 선포되어 큰 은혜를 받은 교회는 32절에 믿는 무리가 한 마음과 한뜻이 되어, 모든 물건을 서로 통용하고 자기 재물을 조금이라도 자기 것이라 하는 사람이 한 사람도 없었습니다. 모든 성도가 자기 소유를 내놓고 함께 사용했습니다. 뿐만 아니라 35절에 밭과 집 있는 자는 팔아서 그 판 것의 값을 가져다가 사도들의 발 앞에 두었습니다. 사도들은 그것을 『각 사람의 필요를 따라 나누어 주』었고, 그 결과 『교회 안에 가난한 사람이 없』어졌습니다(34절). 예수님도 세상에는 가난한 자가 항상 있을 것이라고 말씀하실(막 14:7) 만큼 가난 문제는 해결하기 어렵습니다. 21세기인 지금도 매일 2만 명씩 굶어 죽고 있으며 초선진국인 미국에도 노숙자가 많은 것이 지구의 현실입니다. 그런데 예루살렘 교회 안에는 가난한 사람이 없었습니다. 당시 예루살렘 교회는 첫날에 3,000명(행 2:41), 날마다 더 늘어났고(2:47), 한 날은 새로 믿은 자가 5,000명이니까(행 2:44) 다 합치면 만 명쯤 될 것입니다. 그런 공동체에 가난한 사람이 없다는 것은 세상에서는 이루어질 수 없는 엄청난 기적입니다.

그런데 이러한 나눔은 처음이 아닙니다. 『믿는 사람이 다 함께 있어 모든 물건을 서로 통용하고 또 재산과 소유를 팔아 각 사람의 필요를 따라 나눠 주며』(행 2:44~45). 예루살렘 '교회는 처음 세워질 때부터' 성도들이 서로의 필요를 채워 주었습니다. 놀라운 것은 그것이 '계속'된 것입니다. 더 놀라운 것은 누가 시킨 것이 아니라는 것입니다. 큰 은혜를 받았더니 '자원해서' 자기 것을 나누었습니다. 이것이 교회와 공산주의가 다른 점이고 공산주의가 결코 흉내 낼 수 없는 교회의 아름다움입니다. 예루살렘 교회는 세상에서는 본 적이 없고 볼 수도 없는 사랑과 나눔의 공동체였습니다. 하나님이 보시기에 좋았던 에덴의 회복입니다.

이처럼 초대교회는 복음이 구원받은 삶으로 표출되었습니다. 예배는 모임으로 끝나지 않고 예수님의 가르침에 희생하는 삶으로 이어졌습니다.

그렇다면 우리 교회도 그렇게 해야 합니까?

먼저 예루살렘 교회가 이렇게 한 이유가 무엇인지 배경을 살펴볼 필요가 있습니다. 이스라엘에는 3대 절기가 있습니다. 우리나라도 구정과 추석 때는 가족을 만나기 위해 고향에 가듯이, 이스라엘 남자들은 하나님께 제사하기 위해 유월절, 오순절, 초막절에 예루살렘에 있는 성전으로 갔습니다.

그런데 사도행전 2장 41절에 오순절에 예루살렘 성전에 왔다가 베드로가 전한 복음을 듣고 3,000명이나 예수님을 믿게 되었습니다. 은혜를 받은 그들은 46절에 날마다 성전에 모이기를 힘쓰고 42절에 사도의 가르침을 받아 기도에 힘썼습니다. 오순절이 지났음에도 예수님을 믿은 성도들이 외국에 있는 자기 집으로 돌아가지 않은 것입니다. 그들은 계속 성전에 모여서 기도하며 사도들에게서 말씀을 배웠습니다. 시간이 지나자 외국이나 먼 지방에서 온 사람들이 돈이 떨어지니까 먹을 것과 잠잘 곳이 필요했습니다. 그래서 예루살렘에 사는 성도들이 멀리서 온 성도들을 자기 집에서 먹고 자도록 대접합니다(행 2:46 『**집에서 떡을 떼며**』). 예루살렘에 사는 성도들이 집과 재산을 팔아서 섬긴 것입니다.

큰 은혜를 받은 교회는 자기의 과분한 소유를 자랑하지 않고 그것으로 서로의 필요를 채워줍니다. 큰 은혜를 받은 성도는 은혜받았다고 우쭐하지 않고 겸손히 하나님나라 확장을 위해 희생합니다. 하나님을 사랑하고 이웃을 사랑합니다.

은혜를 받았습니까? 교회에 봉사하십시오. 성도를 섬기십시오. 큰 은혜를 받았습니까? 겸손히 더 섬기십시오.

양육한 성도를 파송해야 합니다

예루살렘에 사는 성도들의 나눔은 단순한 구제가 아니었습니다. 이 일에는 놀라운 하나님의 섭리가 있습니다. 유월절 이후 7일째 되는 날이 첫 열매를 거두는 절기입니다. 구약에서는 초실절이라고 하고 그것의 성취가 신약의 부활절입니다. 그래서 예수님을 부활의 첫 열매라고 하는 것입니다(고전 15:20). 오순절은 본격적으로 추수를 시작하는 시기입니다. 초막절은 추수를 마치는 절기입니다(신 16:13). 성령님이 오순절에 강림하신 것은 본격적으로 추수를 하겠다는 의미입니다. 그래서 베드로가 전도하자 하루에 3,000명이나 예수님을 믿은 것이며(행 2:41), 이방지역에도 복음이 전파되어 교회가 세워진 것입니다(행 11장부터).

성령님은 이렇게 땅끝까지 복음이 전파되어 교회를 세우기 원하십니다. 대추수, 즉 복음이 폭발적으로 전해지고 부흥이 일어나 교회들이 세워지기를 원하십니다. 한 번에 추수하려면 한꺼번에 여러 지역으

비전을 찾는 그대에게

로 일꾼들을 보내야 될 것입니다.

이방지역에 누가 가서 전도할까요?

지금 예루살렘 교회에서 양육 받는 순례자들입니다. 유월절에 왔다가 오순절까지 지낸 사람들, 또는 오순절에 와서 복음을 듣고 예수님을 믿게 된 성도들이 남아서 예루살렘 교회에서 양육을 받는 것입니다. 나중에 스데반 사건으로 예루살렘 교회에 핍박이 일어나자 사도 외에는 다 유대와 사마리아 모든 땅으로 흩어집니다(행 8:1).

그 흩어진 사람들이 유대와 사마리아와 땅끝까지 가서 복음을 전합니다(롬 8:4). 예를 들어 로마교회는 누가 교회를 세웠는지 알지 못합니다. 확실한 것은 오순절에 약 16개 나라에서 온 사람 중에 로마에서 온 사람들도 있었습니다(행 2:9~11). 그들이 복음을 듣고 양육을 받아 돌아가서 로마 지역에 교회를 세운 것입니다. 바울이 왕성하게 선교를 할 수 있었던 것도 예루살렘교회에서 양육 받고 돌아간 사람들이 자기 지역에서 복음의 씨를 미리 많이 뿌려 놓았고, 협력했기 때문입니다.

이처럼 예루살렘 교회는 성도를 양육하여 생활선교사로 파송한 교회입니다. 예루살렘에 사는 성도들의 섬김은 단순한 구제가 아니라 타 지역에서 와서 예수님을 믿은 초신자들과 이방인 개종자들의 믿음이 자라는 데 결정적인 역할을 했습니다. 장기적으로는 이들이 16개 지역으로 돌아가서 복음을 전하고 생활선교로 교회를 세우는 일을 섬긴 것이고, 바울의 선교사역이 왕성할 수 있도록 먼저 준비시킨 큰 사역이었습니다. 그리하여 로마를 비롯한 16개 지역에 동시적으로 교회가 세워지는 지상교회의 대추수, 대부흥이 일어납니다.

예수님은 심는 자가 있고 거두는 자가 있는데 뿌리는 자와 거두는 자가 함께 즐거워한다고 말씀합니다(요 4:36~37). 뿌리는 자와 거두는 자 모두에게 상을 주신다는 뜻입니다. 예루살렘교회의 성도들은 16개 지역교회와 바울이 거둔 열매의 상을 함께 받을 것입니다. 은혜받은 성도는 다른 사람들도 은혜받도록 섬깁니다.

우리에게 적용하면 교회를 세우는 교회가 되어야 합니다. 그동안 한국교회는 대부분 부르심을 받은 목사 한 사람이나 소수의 성도에 의해 교회가 세워졌습니다. 하지만 개인이 아니라 교회가 교회를 세우는 것이 더 성경적이고 효율적입니다. 기존 교회에서 목회자 한 사람만 파송하는 것이 아니라 목회자와 양육받은 성도들, 즉 교회를 파송하는 것입니다. 이런 방식으로 새로운 교회를 설립하는 것을 '분립개척'이라고 합니다. 최근에 분립개척 하는 교회들이 늘어나고 있습니다. 예루살렘교회도 양육한 성도들을 사는 지역으로 파송하였듯이 성령님은 교회를 통해 또 다른 교회를 세우기 원하십니다.

이처럼 '성령님이 주신 비전은 교회에서 복음 설교로 은혜받고 양육된 성도들을 삶의 터전에 생활선교사로 파송하고, 분립개척으로 교회를 세우는 것'입니다.

성령님은 성도 개인 안에만 내주하시는 것이 아니라 교회공동체 가

비전을 찾는 그대에게

운데 역사하십니다. 교회는 하나님의 꿈을 함께 이루어 가는 하나님나라의 비전공동체입니다.

우리는 함께 예배하고 기도하며 말씀을 나누고 실천함으로 하나님나라를 세상에 보여 주는 공동체로 부름받았습니다.

성령님은 교회 공동체를 통해 사람을 구원하고 생명의 문화를 퍼뜨리십니다. 교회인 우리의 말과 태도, 삶을 통해 우리 가운데와 세상을 향한 하나님의 꿈을 이루고 계십니다.

그러므로 우리는 살아 있는 동안 교회로서 성령님이 주신 비전을 가슴에 품고 예수십자가와 부활의 복음을 전합시다. 우리 교회는 서로의 필요를 공급하는 섬김공동체가 됩시다. 남보다 더 있는 것은 나누라고 주신 줄 믿고 그것이 필요한 형제와 나눕시다. 주일예배 후에 생활선교사로 파송하시는 것이니 예수님의 증인이라는 의식을 가지고 일상에서 선교적인 삶을 삽시다. 양육받은 성도들을 타 지역에 분립개척 하도록 파송하는 교회가 됩시다. 이 사명 감당하도록 큰 은혜 주시기를 기도합시다. 큰 은혜를 받도록 부지런히 성경을 배우고 기도합시다. 여러분 교회의 목사가 복음의 말씀을 큰 권능으로 증거할 수 있도록 기도합시다. 교회를 개척하여 세우는 교회가 되어 성령님이 주신 비전을 이루어 드립시다.

우리의 비전	하나님의 전략	하나님의 꿈을 위하여!
교회 건설	교회를 세우는 교회	십자가와 부활의 복음을 선포하라 서로의 필요를 사랑으로 채워 주라 양육한 성도를 파송하라

정리 및 나눔

1. 교회는 (   )이 거듭나게 하심으로 복음을 통해 예수님을 구주로 (   )어 구원받은 (   )로서 하나님의 백성들을 (   ) 하고 (   )하고 (   )게 하기 위해 세우신 신앙의 (   )이고 어머니다.

2. '신앙의 가정과 어머니'로서 우리 교회에서 받은 사랑을 나누라.

3. 나와 공동체는 세상 속에서 어떤 하나님나라를 보여 주고 있는가? 우리의 강점과 개선점은 무엇인가?

4. 예루살렘교회는 어떤 방식으로 복음을 중심에 두고 세워 갔는가? 그들의 모습에서 오늘날 우리가 배워야 할 점은 무엇인가?

5. 서로의 필요를 채워 주는 공동체가 되기 위해 일상에서 실천할 수 있는 나눔은 무엇이 있을까?

6. 은혜받은 당신은 우리 교회가 예루살렘교회와 같이 되도록 어떻게 섬기겠는가?

7. 오늘 받은 은혜를 나누고 사도행전 4장 33~35절을 암송하라.

비전을 찾는 그대에게

결론

하나님의 꿈쟁이

『내게 이르시되 너는 나의 종이요 내 영광을 네 속에 나타낼 이스라엘이라 하셨느
니라』 (사 49:3)

그동안 '하나님의 꿈'이라는 주제 아래 성경으로 역사를 통찰해 보았
습니다.

역사를 통해 이루시려는 삼위 하나님의 꿈은 무엇입니까?

하나님의 꿈은 하나님이 알려지고 보이며
높임을 받으시는 것입니다

하나님이 영광을 받으시는 꿈입니다. 그 어떤 것보다 하나님을 높이
고 존귀히 여기는 예배를 가장 기뻐하십니다.

이를 위해 하나님은 세상을 창조하시어 당신의 존재와 위대하심을
만방에 알리셨습니다. 인간을 지으시고 하나님께서 창조하신 선한 세
상이 생명으로 가득해지는 비전을 주셨습니다. 그 비전을 이루도록 지
으신 세상을 인간에게 맡기셨습니다. 인간의 예배와 순종을 통해 하나

님의 아름다우심이 드러나 하나님의 꿈이 이루어지기 원하셨습니다.

그러나 인간이 범죄함으로 죄와 죽음이 발생하고 땅도 저주를 받아 악한 세상으로 변질되어 하나님의 꿈이 왜곡되었습니다.

하지만 하나님은 인간을 회복시켜 줄 구원자를 약속해 주셨는데 바로 예수님이십니다.

예수님은 꿈이 있습니다. 죄인을 구원할 복음을 완성하고, 그 복음으로 자기 백성을 다 구원하여 새 하늘과 새 땅으로 데려가는 꿈입니다. 이를 위해 예수님은 친히 우리와 같은 사람이 되어 우리 대신 죽으시고 부활, 승천하시므로 죄와 죽음과 사탄을 이기시어 죄인의 복음이 되셨습니다. 지금은 복음 전파를 통해 자기 백성을 구원하시며, 장차 재림하시어 성도들을 새 하늘과 새 땅으로 데려가실 것입니다. 새 하늘과 새 땅은 죄와 죽음과 사탄이 감히 범접할 수 없는 거룩한 곳으로 하나님의 꿈이 완성될 장소입니다. 이 꿈을 이루시고자 예수님은 우리에게 하나님나라 확장의 비전을 주시고 성령님을 보내 주셨습니다.

성령님은 꿈이 있습니다. 예수 그리스도의 복음으로 자기 백성을 모두 구원하고 예배자로 세우는 꿈입니다. 성도를 거룩하게 변화시키고 변화된 성도를 통해 세상을 선하게 변화시키는 문화 사역의 꿈입니다. 이를 위해 성령님은 우리에게 교회 건설의 비전을 주셨습니다.

성부 하나님의 꿈은 교회의 예배와 문화 사역으로, 성자 예수님의 꿈

비전을 찾는 그대에게

은 교회의 복음 전파 사역으로, 성령님의 꿈은 성경으로 교회의 선교를 통해 이루어 가십니다. 이렇게 삼위 하나님의 꿈은 서로 분리되지 않고, 완전한 섭리 안에서 유기적으로 역사합니다. 따라서 하나님이 알려지고 보이며 높임을 받으시는 성삼위 하나님의 꿈은 반드시 완성될 것입니다.

하나님의 꿈과 나는 어떤 관계일까요?

우리를 하나님의 꿈쟁이로 부르십니다

꿈을 이루시는 하나님의 방법은 사람입니다. 이사야 49장 2절에 『내게 이르시되 너는 나의 종이요 내 영광을 나타낼 이스라엘이라 하셨느니라』. '너는 내 영광을 나타낼 나의 종'이라고 했습니다. 바른 성경은 『너는 내 종이다. 내가 너를 통해 영광을 받을 것이다』, 현대인의 성경은 『너는 내 종이다. 내가 너를 통해 내 영광을 나타낼 것이다』라고 번역했습니다. 정리하면 '너는 하나님의 꿈을 이룰 나의 종이다.' 요약하면 '하나님의 꿈쟁이'입니다.

하나님의 꿈쟁이는 하나님의 꿈을 가슴에 품고, 그 꿈을 이루기 위해 자신의 삶을 드린 사람입니다.

이 부르심보다 더 영광스러운 소명은 없습니다. 하나님의 꿈을 이루는 데 쓰임받는 것보다 더 복된 삶도 없습니다.

하나님은 이 시간 하나님의 꿈을 이루기 위해 쓰실 하나님의 꿈쟁이로 당신을 부르십니다.

하나님의 꿈쟁이는 어떤 비전을 가져야 할까요?

인간의 야망을 버리고 하나님의 꿈을 섬기는 비전을 가집시다

아직 하나님의 꿈이 이루어지지 않는 이유는 하나님께서 모든 사람에게 하나님의 꿈을 주시지만 몇몇 사람만이 그 꿈을 받아들이기 때문입니다. 사람들이 하나님의 꿈을 거절하는 이유는 이기적인 욕망에 사로잡혀 인간의 야망을 따르기 때문입니다. 예수님이 2,000년 전에 우리에게 비전을 주셨고 기독교인이 많은데도 하나님의 꿈이 실현되지 않는 이유는 성도들마저도 하나님의 꿈이 아닌 자기 영광을 위한 세속적인 인간의 욕망을 추구하기 때문입니다.

선악과를 먹은 아담의 야망은 '내가 하나님이 되리라'라는 것이었습니다. 노아 시대의 욕망은 '육체의 쾌락을 추구하리라'는 것이었습니다. 바벨탑을 쌓은 니므롯의 야망은 '내 힘으로 하늘 문을 열리라'는 것이었습니다. 인간 나라를 세운 사람들의 야망은 '내 이름을 내리라'는 것이었습니다. 바리새인의 야망은 '나의 열심으로 나를 구원하리라'는 것이었습니다. 말세인 이 시대를 지배하는 헛된 욕망은 '자기를 사랑하고 돈을 사랑하고 쾌락을 사랑하리라'는 것입니다(딤후 3:2, 4). 이러한 인간의 야망은 모두 자기 사랑과 세상 사랑에서 나온 육신의 정욕과 안목의 정욕과 이생의 자랑으로 썩어 없어질 것들입니다(요일 2:16~17). 이러한 인간의 욕망은 죄로 말미암아 생겨난 허망한 것들입니다. 신기루 같은 가짜이며 마실수록 갈증이 더하는 바닷물 같은 것입니다. 그러나 모든 비신자는 이러한 헛된 욕망에 매여 종노릇하며 살아갑니다.

구원의 하늘 문은 오직 예수 그리스도만 열고 닫을 수 있습니다(요 14:6; 계 3:7). 하나님의 영광을 위한 삶은 오직 예수님 안에서 구원받은 자만 살 수 있습니다. 완전한 행복은 새 하늘과 새 땅에서 성도만 누릴 수 있습니다. 그러므로 하나님의 꿈쟁이가 되려면 무엇보다 먼저 인간의 야망을 버려야 합니다. 성도의 비전은 세상의 야망과 구분되는 하나님을 위한 거룩한 비전이어야 하기 때문입니다.

내가 하나님이 되어 내 마음대로 결정하며 살려는 교만을 버리십시오. 내 것이 아닌 것을 폭력을 이용해 나의 것으로 삼으려는 탐욕을 버리십시오. 나의 열심과 능력으로 구원받겠다는 율법주의를 버리십시오. 세상의 부귀와 권세, 명예와 쾌락을 추구하려는 세속적인 영광을 버리십시오. 하나님은 당신을 하나님의 꿈쟁이로 사용하기 원하십니다.

하나님의 꿈은 우리 비전의 바다이고 울타리이며 모든 성도가 품어야 할 비전 위의 비전입니다. 개인의 비전은 하나님의 꿈 안에서 찾아야 하고, 하나님의 꿈을 섬기기 위한 비전이어야 합니다.

우리나라가 일제의 압제 아래 고통당할 때 뜨거운 피가 끓는 젊은이들은 만주로 달려가서 독립군에 입대했습니다. 생명을 걸고 싸웠습니다. 그들에게 꿈이 무엇이냐고 물어본다면 백 명이면 백 명, 천 명이면 천 명 똑같은 대답을 할 것입니다. 조국의 해방입니다. 이것이 꿈입니다. 또 당시에 시골 농촌에서 밭을 갈며 평범하게 사는 농민들이나, 심지어 구걸하며 사는 거지들을 찾아가서 꿈이 무엇인지 한번 물어보십시오. 그러면 틀림없이 모두 우리 조국이 독립하는 것이라고 대답했을 것입니다. 생명을 바쳐 싸우는 젊은이나 농사를 짓는 평범한 농민이나 거지까지도 꿈은 같았습니다. 조국이 독립하는 것입니다. 어떤 직업을 가지든, 어떤 일을 하든 그들의 비전은 해방입니다. 하는 일들은 달랐지만, 목적과 방향은 같았습니다. '독립'이었습니다.

마찬가지로 성도마다 직업과 직분과 은사와 재능과 부르심이 달라도 모든 성도의 비전은 하나님의 꿈 아래서 조율되어야 합니다. 우리가 가질 비전은 하나님의 뜻대로 세상을 변화시키는 것, 예수 복음을 전하는 것, 하나님을 높여 드리는 것입니다. 문화 비전, 복음 전파 비전, 예배 비전입니다. 하나님의 영광을 위해 사는 것, 즉 '하나님의 영광, 하나님의 꿈'입니다.

하나님의 꿈쟁이는 어떤 삶을 살아야 할까요?

비전을 찾는 그대에게

예배 중심적이고 선교 지향적인 삶을 삽시다

최철영은 "온 땅의 모든 족속이 하나님을 예배하고, 하나님의 영광이 온 땅에 충만한 것이 구약의 중심비전이며, 신약시대에 이 중심 비전이 성령에 의해 성취되고 있다"[60]라고 했습니다. 즉 성경은 하나님의 꿈을 가르치며 성령님이 주도적으로 그 꿈을 이루어 가십니다.

그리고 성령님은 그 일에 교회와 성도들을 사용하십니다. 구원도 최종목적은 아닙니다. 구원받은 목적도 하나님의 꿈을 위해서입니다. 그러므로 구원받은 참성도는 하나님의 영광을 위해 살아갑니다. '바울의 비전도 모든 민족이 하나님의 영광을 인정하고 하나님을 예배하는 삶을 사는 것이었습니다.'[61] 하나님은 예배를 기뻐하시므로 구원받은 우리는 하나님의 영광을 위해 예배 중심으로 삽시다.

요한계시록 4장에 보면 하나님의 백성들을 구원한 후에 심판이 시작됩니다. 지금 심판이 보류되는 이유는 구원받아야 할 하나님의 백성이 남아 있기 때문입니다. 그들이 다 구원받으면 구원받은 천국 백성이 죄 많은 세상에서 고통하며 살 이유가 없습니다. 예수님이 재림하셔서 새 하늘과 새 땅에 데려가실 것입니다. 그렇게 되면 지상에는 죄인들만 남습니다. 죄악 된 세상은 더 존재할 가치와 의미와 목적이 없습니다. 하나님의 진노가 쏟아질 것입니다. 그렇다면 역사가 존재하는 목적은 하나님의 백성을 구원하기 위해서입니다. 구원받은 우리를 새 하늘과 새 땅에 데려가지 않고 남겨 두신 목적은 하나님의 꿈을 이루는

---

60)   최철영, 앞의 책, 93.

61)   위의 책.

데 쓰기 위해서입니다. 더 마음을 다해 예배하라고, 더 많은 사람을 구원하라고, 더 복음을 전하라고, 더 선행으로 섬기라고, 더 하나님나라를 확장하라고 남겨 두신 것입니다. 그러니 죄인을 구원하기 위해 삽시다. 죄인을 구원하는 하나님의 방법은 전도입니다(고전 1:21). 구원하려는 사람이 복음을 받아들일 수 있도록 기도하며 사랑으로 봉사합시다. 이렇게 봉사하며 전도하는 것을 '선교'라고 합니다.

하나님은 자기 백성을 구원하기 위해 선교사를 보내십니다. 선교사의 문화 사역을 통해 세상을 변화시키시고, 복음 전파 사역을 통해 사람을 변화시키십니다. 구원하여 예배자가 되게 하시고 예배를 통해 영광을 받으십니다. 이처럼 선교의 목적은 예배[62]입니다.

이 모든 것은 성경을 통해 바르게 알 수 있고 교회를 통해 배울 수 있습니다. 말씀을 가까이하면 길을 잃지 않고, 기도하면 비전을 정결하게 다듬을 수 있습니다. 그러므로 우리는 건전한 지역교회에 소속하여 성경에 근거한 신앙, 하나님의 말씀을 이루어 드리려는 열망을 가지고 예배 중심으로 선교하며 삽시다.

하나님을 아는 지식으로 하나님을 찬미하는 하나님의 꿈은 새 하늘과 새 땅에서 완성될 것입니다. 죄로 오염되고 사탄이 판을 치는 자연과 세상이 거룩하게 변화되는 문화 사역의 꿈도 그곳에서 완성될 것입니다. 그래서 창조 세계가 지금은 세상에서 죄 때문에, 하나님을 위해

---

[62] "대상 16:8~9를 보면, 이스라엘이 각 민족에게 하나님의 놀라운 행사를 선포해야 하는 목표도 모든 족속이 하나님을 믿고 예배하게 하는 것이다." 위의 책.

사용되지 않기 때문에 끙끙 앓으며 괴로워서 신음하고 있지만 새 하늘과 새 땅에서는 온 만물이 기뻐 하나님을 찬미할 것입니다(롬 8:22; 계 5:13).

죄와 사탄과 육체가 있어 이 땅에서는 우리의 마음만큼, 말씀대로 온전히 순종하지를 못합니다. 그래서 자주 우리의 영이 괴로워서 탄식합니다(롬 8:23). 그러나 그곳에 가면 우리는 죄의 영향을 받지 않고 사탄이 유혹하지 못하며 죽었던 육체도 부활하여 거룩하게 변화될 것입니다. 또 이 땅에서는 하나님을 희미하게 알지만 그곳에서는 하나님을 아는 지식으로 충만해져 온전한 거룩함과 기쁨으로 하나님께 완전한 경배를 드릴 것입니다(계 7:9~10). 완전한 예배를 통해 하나님께서 영광을 받으시고 우리는 최상의 행복을 누릴 것입니다.

그날을 소망하며 지상에서 하나님을 예배하며 선교적인 삶을 살아가는 교회와 성도를 통해 하나님은 꿈을 이루어 가십니다.

'비전'이 하나님의 꿈을 지속적으로 섬기기 위한 삶의 '방향'이라면, '사명'은 그 비전을 이루기 위한 구체적인 나만의 '역할'입니다. 예수님이 구원받은 우리를 지금 천당에 데려가지 않는 것은 우리가 이 땅에서 해야 할 사명이 있기 때문입니다. 천당에 가는 것마저도 잠시 보류할 만큼 우리가 받은 사명은 위대하며 이 땅에서의 우리의 삶은 의미가 있습니다. 천당에서 영광된 상급을 주실 만큼 하나님의 꿈을 위해 겪는 고난은 가치가 있습니다.

하나님의 꿈은 문화 사역을 통해 하나님의 위대하심을 드러내고 복음 전파로 죄인을 구원하여 그들에게 경배를 받으시는 것입니다. 그렇다면 **어디에서 무슨 일을 하든 하나님을 향해서는 높여드리기 위해, 사람을 향해서는 복음을 전하기 위해, 세상을 향해서는 문화사역(봉사)하기 위해 산다면 하나님의 꿈쟁이로 사는 것입니다.** '복음 전파 사역 + 문화 사역 = 선교'이므로 **하나님의 영광을 위한 삶은 예배를 중심으로 선교를 지향하며 사는 것입니다. 하나님의 꿈을 위한 삶은 하나님을 알리고 보여 주고 높이기 위해 예배 중심적, 선교 지향적으로 사는 것입니다.** 하나님을 예배하는 자가 되게 하고자 성품과 삶으로 하나님의 사랑을 보여 주고 생명의 복음을 전하며 사는 것입니다. 이처럼 하나님의 꿈은 예배와 선교로 이루어집니다. 예배는 하나님을 향한 사랑이고, 선교는 사람과 세상을 향한 사랑입니다. 하나님을 기쁘시게 하기 위해 예배자로, 하나님나라 확장을 위해 선교사로 사는 사람이 하나님의 꿈쟁이입니다.

교회의 비전		
하나님을 향해	하나님을 높여 드리기 위해 자신을 바치는 헌신	예배
인간을 향해	죄인 구원을 위해 예수님을 증거하는 복음 전파	선교
세상을 향해	세상을 하나님의 뜻대로 변화시키기 위해 봉사하는 문화	
하나님의 영광을 위한 삶 = 하나님을 알리고 보여 주고 높여 드리는 것 　　　　　　　　　　　= 복음 전하고 봉사(문화)하며 예배하는 생활 하나님의 꿈쟁이 = 예배 중심적, 선교 지향적인 삶		

비전을 찾는 그대에게

인천의 산곡교회에서 고등부를 맡았을 때의 일입니다. 제가 부임하면서 중등부와 고등부가 분리되었는데, 분리되기 전 12월 중고등부교사 월례회에서 처음으로 교사들과 인사를 나누었습니다. 그런데 그 자리에서 한 여선생님이 깊은 한숨을 내쉬며 이렇게 말씀하셨습니다. '중등부 전도사님은 귀엽게 생겨서 아이들이 좋아하겠는데, 우리 고등부 전도사님은 무섭게 생기셔서 아이들이 싫어할 것 같아요.' 부장님은 처음부터 중등부 전도사와 저를 비교하며 거부했습니다. 고등부 첫 모임 때, 아이들은 저를 보자마자 '산적두목'이라고 부르며 '무서움 반, 무관심 반'이었습니다. 저는 멜빵바지를 입고 나가 율동을 선보였습니다. 그리고 첫 마디로 이렇게 말했습니다. '얘들아, 내가 웃지 않아도 화난 거 아니야.' 그러나 아이들은 여전히 굳어 있었습니다.

저에게는 하나님이 주시는 새 힘이 필요했습니다. 하나님은 제 무능함을 직면하게 하셨고, 동시에 전능하신 하나님을 바라보게 하셨습니다. 자원하여 기도하게 하셨습니다. 겸손히 기도하게 하셨습니다. 겸손한 만큼 간절히 무릎 꿇게 하셨습니다.

그 기도는 저를 인정받게 해 달라는 제목이 아니었습니다. 교사들을 사로잡게 해 달라거나 고등부의 폭발적인 부흥을 구하지도 않았습니다. 오직 하나님의 영광과 기쁨만을 위한 기도였습니다. 저의 섬김을 통해 하나님의 이름만 높임을 받으시고 아이들이 하나님을 알기를 원하는 기도였습니다. 고등부가 하나님이 기뻐하시는 공동체가 되기만 간구했습니다.

하나님은 매일 2시간 이상을 모든 교사와 아이들의 이름을 부르며 간절함과 눈물로 기도하게 하셨습니다. 그러자 기도하거나 설교하면 입에서 불이 나가는 것 같았습니다. 그리고 아이들은 두 번째 설교부터 변화되기 시작했습니다.

첫해에 13학교에서 매주 300명씩 모이고, 110명이 전도되는 부흥이 일어났습니다. 그보다 더 감사한 것은 아이들이 '하나님의 자녀'이자 '학원선교사'라는 정체성을 가지고 살기 시작했다는 점입니다.

그 시절 고등부에서의 신앙생활이 너무나 행복했다고 말하는 제자들이 지금도 종종 연락해 옵니다. 돌이켜보면, 그 모든 부흥의 시작은 '하나님의 기쁨과 영광만을 구하는 기도'였습니다. 그리고 그 열망은 지금도 저의 삶과 사역의 중심입니다.

당신은 하나님의 영광을 전심으로 구해 본 적이 있습니까? 하나님의 꿈쟁이가 되겠습니까?

하나님의 꿈은 이론이 아니라 지금 내 삶 속에서 실현되어야 할 비전입니다. 우리는 하나님의 영광을 위해 창조되었고 구속되었으며 부르심을 받았기 때문입니다. 하나님의 꿈을 위해 생명을 연장하시고 은사와 재능을 주시기 때문입니다. 하나님을 알리고 보여 주며 높이는 삶이 하나님의 꿈에 동참하는 비전의 삶입니다.

하나님의 꿈쟁이가 되려면 먼저 자기를 위해 바벨탑을 쌓으려는 인간의 야망을 버리십시오. 성경이 보여 주는 하나님의 꿈을 나의 비전으로 삼으십시오. 부르심을 따라 하나님의 꿈을 섬길 나만의 사명을

비전을 찾는 그대에게

찾으십시오. 신앙과 성품과 실력으로 준비하십시오. 지금 있는 그곳에서부터 주님을 닮은 인격과 나누는 삶으로 이웃을 사랑하여 하나님을 나타내십시오. 성경을 가르치고 복음을 전하여 하나님을 알게 하십시오. 하나님의 높이는 예배자가 되십시오. 하나님께서 보내신 곳에서 일상의 삶으로 재능과 은사를 통해 하나님의 구원을 전하고(복음 전파), 하나님의 사랑을 보여 주어(성품, 봉사, 문화 사역) 하나님을 높여 드리는(예배) 하나님의 꿈쟁이가 되십시오.

	선지자 사역	왕적 사역	제사장 사역
하나님의 꿈	하나님의 위대하심을 알리고	보여 주며	높여 드리는 것
문화 사명	창조 세계를 향하신 하나님의 뜻을 알고	그 뜻대로 일을 통해 개발하고 변화시켜서	하나님과 자신과 이웃을 위해 사랑으로 바르게 사용하는 것
아담	창조 세계가 생명으로 가득하도록	일하여	거둔 열매를 나누는 것
교회의 비전	복음을 전파하고	사랑으로 봉사하여(문화)	하나님을 예배하는 자로 만드는 것
	선교하여		예배
하나님의 영광을 위한 하나님의 꿈쟁이의 삶 = 하나님을 알리고 보여 주며 높이는 삶 = 예배 중심적, 선교 지향적 생활			

	꿈	하신 일	주신 비전	전략	교회의 사명
성부 하나님	경배 받으심	창조와 위임	생명으로 가득한 세상	인간을 하나님을 대리하는 왕 같은 제사장 으로 세움	예배, 문화 사역
성자 예수님	자기 백성 구원	대신 죽으시고 부활, 승천, 왕으로 통치, 성령 보내심, 중보기도	하나님나라 확장 (세계 복음화)	성도를 세상에 생활선교사로 파송	복음 전파
성령 하나님	구원하고 변화시켜 예배자가 되게 하는 것	성경을 가르쳐 예수님 믿게 내주하셔서 거듭나게 은사 주셔서 교회봉사 하게 재능 주셔서 세상봉사 하게	교회 건설	분립 개척	예배와 선교 (빛과 소금 + 복음 전파)
하나님의 꿈쟁이 교회			성경 신앙 / 예배 중심적 / 선교 지향적인 삶 / 교회 건설		

260

정리 및 나눔

1. 하나님의 꿈은 하나님이 알려지고(   ), 보여 주어(   ), 높임을 받으시는 것(   )이다.

2. 하나님은 왜 사람을 통해 자신의 꿈을 이루실까? 이사야 49장 3절 말씀은 당신에게 어떤 도전이 되는가?

3. 이 책을 통해 저자가 말하려는 '하나님의 영광을 위한 삶'을 한 문장으로 요약해 보라.

4. 빈칸을 채우며 이 책의 핵심내용을 정리해 보라.

	선지자 사역	왕적 사역	제사장 사역
하나님의 꿈	하나님의 위대하심을 ( )고	( ) 주며	( ) 드리는 것
문화 사명	창조 세계를 향하신 하나님의 뜻을 알고	그 뜻대로 ( )을 통해 개발하고 ( )시켜서	하나님과 자신과 이웃을 위해 사랑으로 ( )게 사용하는 것
아담	창조 세계가 생명으로 ( )하도록	( )하여	거둔 열매를 ( )는 것
교회의 비전	복음을 ( )하고	사랑으로 봉사하여( )	하나님을 ( )하는 자로 만드는 것
	( )		( )
하나님의 영광을 위한 하나님의 꿈쟁이의 삶 = 하나님을 알리고 보여 주며 높이는 삶 = ( ) 중심적, ( ) 지향적 생활			

	꿈	하신 일	주신 비전	전략	교회의 사명
성부 하나님	( ) 받으심	창조와 위임	생명으로 가득한 세상	인간을 하나님을 대리하는 ( )으로 세움	예배, ( ) 사역
성자 예수님	자기 백성 ( )	대신 죽으시고 부활, 승천, 왕으로 통치, 성령 보내심, 중보기도	하나님나라 확장 (세계 복음화)	성도를 세상에 ( )선교사로 파송	복음 ( )
성령 하나님	구원하고 ( )시켜 예배자가 되게 하는 것	성경을 가르쳐 예수님 믿게 내주하셔서 거듭나게 은사 주셔서 교회봉사 하게 재능 주셔서 세상봉사 하게	( ) 건설	( ) 개척	예배와 ( ) (빛과 소금 + 복음 전파)
하나님의 꿈쟁이 교회			( ) 신앙 / 예배 ( )적 / 선교 ( )적인 삶 / ( ) 건설		

5. 하나님의 꿈을 섬기는 비전을 갖기 위해 내가 버려야 할 야망은 무엇인가?

6. 이 책을 읽은 전체적인 소감을 나누라.

   그리고 당신이 자기 영광을 위한 세속적인 인간의 꿈을 버리고 하

비전을 찾는 그대에게

나님의 꿈을 나의 비전으로 받을 준비가 되었다면 하나님의 꿈을 위해 자신을 드리는 결단을 기도로 표현해 보라.

7. 오늘 받은 은혜를 나누고 이사야 49장 3절을 암송하라.

당신의 여정 이야기를 들려주세요.
이 책이 당신의 삶에 어떤 비전의 불빛이 되었는지,
간단한 후기를 SNS나 온라인 서점에 남겨 주세요.

#비전을찾는그대에게 #하나님의꿈 #좋은땅출판사 #이종수목사

당신의 나눔이 또 다른 누군가에게 등불이 됩니다.

무거운 짐을 벗으며

청소년 사역을 시작한 지 20년,
그 현장을 떠난 지도 벌써 13년이 지났습니다.
그러나 제 마음 깊은 곳에는
여전히 청소년들에게 빚진 마음이 남아 있었습니다.

다음 세대의 주인공인 청소년들에게
달려갈 비전을 제시해야 한다는 사명감 속에서도,
과연 우리가 선포하는 비전이
정말 성경이 가르치는 비전일까 하는 깊은 의구심이
한순간도 제 마음을 떠나지 않았습니다.

청소년들에게 심어 줄
'성경적인 비전'에 대한 부담으로
20년 동안 성경과 씨름했습니다.

이제
천근 같던 짐을 내려놓을 수 있을 것 같습니다.

그러나, 이 책은 단지 청소년만을 위한 책이 아닙니다.

이 글 속에는

모든 성도가 함께 품고 걸어가야 할,

'하나님의 꿈'과

'성경적 비전',

'하나님의 영광을 위한 삶'이 담겨 있습니다.

그리고 세상을 향한 하나님의 꿈을

'함께 이루어 가자는 부르심'이 깃들어 있습니다.

주님의 꿈을 가슴에 품고,

배우고, 일하며, 나눔을 통해

하나님을 알리고, 보여 주며, 높여 드리는

하나님의 꿈쟁이로 달려가시길 축복합니다.

참고도서
·····················

강현복, 『에클레시아』, R&F, 2015.

게라르드 반그로닝겐 지음, 유재원·류호준 옮김, 『구약의 메시아 사상』, CLC, 1997.

게할더스 보스 지음, 이승구 옮김, 『성경신학』, 기독교문서선교회, 1990.

게할더스 보스 지음, 원광연 옮김, 『하나님나라와 교회 은혜와 영광』, 크리스찬다이제스트, 1998.

그랜트 오즈번 지음, 김귀탄 옮김, 『요한계시록』, 부흥과개혁사, 2012.

그레고리 빌·미첼 킴 지음, 채정태 옮김, 『성전으로 읽는 성경 이야기』, 부흥과개혁사, 2020.

그말씀, 『비전1』, 두란노, 2014.

그말씀, 『비전2』, 두란노, 2014.

기동연, 『창조부터 바벨까지』, 생명의양식, 2022.

김민호, 『기독교 세계관』, 리바이벌북스, 2022.

대한예수교장로회 고신총회, 『교회 헌법』, 대한예수장로회 총회출판국, 2023.

랄프 윈터·스티븐 호든 엮고씀, 정옥배 옮김, 『미션 퍼스펙티브』, 예수전도단, 2006.

로이드 존스 지음, 이순태 옮김, 『성령 하나님』, 기독교문서선교회, 2008.

마이클 호튼 지음, 윤석인 옮김, 『개혁주의 예배론』, 부흥과개혁사, 2012.

마이클 호튼 지음, 윤석인 옮김, 『은혜의 복음이란 무엇인가』, 부흥과개혁사, 2012.

마크 데버 지음, 김귀탄 옮김, 『구약성경의 핵심메시지』, 부흥과개혁사, 2012.

마크 드리스콜·게리 브레셔스 지음, 이용중 옮김, 『십자가 사랑과 죽음』, 부흥과개혁사, 2010.

박해경, 『조직신학요해』, 아가페, 1994.

방동섭, 『선교 없이 교회 없습니다』, 생명의말씀사, 2010.

박영돈, 『성령충만, 실패한 이들을 위한 은혜』, SFC, 2011.

박영선, 『성령론』, 크리스챤서적, 1993.

비전을 찾는 그대에게

백금산 지음, 김종두 그림,『웨스트민스터 소교리문답』, 부흥과개혁사, 2011.

브루스 데머리스트 지음, 이용중 옮김,『십자가와 구원』, 부흥과개혁사, 2006.

브루스 윌킨슨 지음, 마영례 옮김,『꿈을 주시는 분』, 디모데, 2006.

빈센트 에드먼즈·고든 스코러 지음, 신재구 옮김,『진정한 신유』, 생명의말씀사, 1983.

석원태,『설교학 원론』, 경향문화사, 1991.

송영재,『더 뉴커버넌트 신학』, CLC, 2024.

스티븐 차녹 지음, 임원주 옮김,『하나님을 아는 지식 1』, 부흥과개혁사, 2013.

안재경,『예배, 교회의 얼굴』, 그라티아, 2014.

이광호,『히브리서』, 교회와성경, 2013.

이복수,『고신 선교』, 고신대학교 선교연구소, 2007.

이복수·신경규,『선교학 개론 강의안 및 자료집』, 고신대학교, 2003.

이성호,『특강 하이델베르그 요리문답』, 흑곰북스, 2013.

이세령,『바닥을 기는 창세기』, 깃드는숲, 2024.

이종수,『요셉의 꿈 하나님의 꿈』, CLC, 2024.

이필찬,『내가 속히 오리라』, 이레서원, 2010.

임경근,『개혁신앙 현대에 답하다』, SFC, 2019.

장수민,『칼빈의 기독교강요 완전 분석』, 세움북스, 2017.

정요석,『삼위일체 관점에서 본 조나단 에드워즈의 언약론』, 킹덤북스, 2011.

조나단 에드워즈·존 파이퍼 지음, 백금산 옮김,『하나님의 영광을 위한 하나님의 열심』, 부흥과개혁사, 2003.

존 오웬 지음, 김귀탁 옮김,『신자 안에 내재하는 죄』, 부흥과개혁사, 2013.

존 프레임 지음, 김진운 옮김,『조직신학』, 부흥과개혁사, 2019.

최철영,『새롭게 읽는 빌립보서』, 퍼플, 2024.

코리 브록·나다니엘 수탄토 지음, 송동민 옮김,『신칼뱅주의』, 다함, 2025.

팀 켈러 지음, 최종훈 옮김,『하나님을 말하다』, 두란노, 2017.

한국동남성경연구원,『성경에 나타난 시간과 공간, 어떻게 설교할 것인가?』, SFC, 2022.

황희상, 『특강 소요리문답』, 흑곰북스, 2017.

헤르만 바빙크 지음, 김찬영·장호준 옮김, 『개혁과 교의학』, 새물결플러스, 2018.

헤르만 바빙크 지음, 박재은 옮김, 『계시 철학』, 다함, 2019.

D. A. 카슨·팀 켈러 엮음, 최요한 옮김, 『복음이 핵심이다』, 아가페북스, 2019.

E. W. 헹스텐베르크 지음, 원광연 옮김, 『구약의 기독론』, 크리스찬다이제스트, 1997.

R. C. 스프로울 지음, 이상웅·김찬영 옮김, 『웨스트민스터 신앙고백 해석』, 부흥과개혁사, 2012.